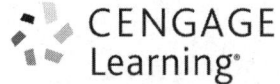

（第3版）

功能性行为评估及干预实用手册

Functional Assessment and Program Development for Problem Behavior: A Practical Handbook (3rd edition)

[美] 罗伯特·E. 奥尼尔（Robert E. O'Neill）　理查德·W. 阿尔宾（Richard W. Albin）
基思·斯托里（Keith Storey）　罗伯特·H. 霍纳（Robert H. Horner）　/著
杰弗里·R. 斯普拉格（Jeffrey R. Sprague）

陈更娟 / 译

图书在版编目（CIP）数据

功能性行为评估及干预实用手册 /（美）罗伯特·E.奥尼尔（Robert E. O'Neill）等著；陈更娟译. -- 3版. —北京：华夏出版社，2018.3

书名原文：Functional Assessment and Program Development for Problem Behavior,3rd Edition: A Practical Handbook

ISBN 978-7-5080-9324-6

Ⅰ.①功… Ⅱ.①罗…②陈… Ⅲ.①特殊教育－教学理论－手册 Ⅳ.①G762.2-62

中国版本图书馆CIP数据核字（2017）第229022号

Functional Assessment and Program Development for Problem Behavior,3rd Edition: A Practical Handbook
Robert E . O'Neill, Richard W. Albin, Keith Storey, Robert H. Horner, Jeffrey R. Sprague

Copyright ©2015 by Wadsworth, a part of Cengage Learning.

Original edition published by Cengage Learning. All Rights reserved. 本书原版由圣智学习出版公司出版。版权所有，盗印必究。

Huaxia Publishing House is authorized by Cengage Learning to publish and distribute exclusively this simplified Chinese edition. This edition is authorized for sale in the People's Republic of China only (excluding Hong Kong, Macao SAR and Taiwan). Unauthorized export of this edition is a violation of the Copyright Act. No part of this publication may be reproduced or distributed by any means, or stored in a database or retrieval system, without the prior written permission of the publisher.

本书中文简体字翻译版由圣智学习出版公司授权华夏出版社独家出版发行。此版本仅限在中华人民共和国境内（不包括中国香港、澳门特别行政区及中国台湾）销售。未经授权的本书出口将被视为违反版权法的行为。未经出版者预先书面许可，不得以任何方式复制或发行本书的任何部分。
978-7-5080-9324-6

Cengage Learning Asia Pte. Ltd.
151 Lorong Chuan, #02-08 New Tech Park, Singapore 556741

本书封面贴有 Cengage Learning 防伪标签，无标签者不得销售。

Ⓒ华夏出版社　未经许可，不得以任何方式使用本书全部及任何部分内容，违者必究。
北京市版权局著作权合同登记号：图字01-2015-7780号

功能性行为评估及干预实用手册：第3版

作　　者	[美]罗伯特·E.奥尼尔等		译　　者	陈更娟
责任编辑	薛永洁			
出版发行	华夏出版社			
经　　销	新华书店			
印　　装	三河市少明印务有限公司			
版　　次	2018年3月北京第1版	2018年3月北京第1次印刷		
开　　本	880×1230　1/16开			
印　　张	9			
字　　数	168千字			
定　　价	49.00元			

华夏出版社　地址：北京市东直门外香河园北里4号　邮编：100028
网址：www.hxph.com.cn　电话：（010）64663331（转）

若发现本版图书有印装质量问题，请与我社营销中心联系调换。

感谢所有参与研究的儿童、学生和成人，是你们告诉我们如何实施和应用功能评估程序；感谢使用旧版工具的家长、老师和社区工作者，是你们帮助我们让这些工具更实用和有效。

目 录

推 荐 序 ... 1
前 言 ... 1
致 谢 ... 1

第一章 概述 ... 1

一、本手册的目的 ... 2
二、手册的适用对象 ... 4
三、功能性行为评估 ... 4
四、功能性行为评估是什么？ ... 5
五、全面功能评估方法概述 ... 6
 （一）资料收集法 ... 6
 （二）直接观察法 ... 8
 （三）系统操作法（即功能和结构分析）... 9
六、实施功能评估的原因 ... 9
七、实施功能评估之前需要考虑的其他因素 ... 11
 （一）以人为中心的计划 ... 11
 （二）活动模式和社会生活 ... 11
 （三）医学和身体的因素 ... 11
八、价值声明 ... 12

第二章 功能评估与分析的策略 ... 13

一、评估过程 ... 14
二、功能评估访谈（Functional Assessment Interview, FAI）... 14
 （一）确定访谈对象 ... 14
 （二）功能评估访谈的成果 ... 15
 （三）功能性行为评估访谈的时长 ... 15
 （四）功能评估访谈表的使用 ... 16
 （五）形成结论性陈述 ... 22

三、包括个体在内：学生导向的功能评估访谈 ······ 32
（一）谁应该接受访谈？ ······ 32
（二）谁应该实施学生导向的访谈？ ······ 32
（三）访谈需要持续多久？ ······ 32
（四）学生导向的访谈的成果是什么？ ······ 33
（五）学生导向的功能评估访谈表的使用 ······ 33
（六）学生导向的功能评估访谈的验证 ······ 41

四、直接观察 ······ 41
（一）保持简单 ······ 41
（二）观察的时间和地点 ······ 42
（三）观察者 ······ 42
（四）收集直接观察数据应持续的时间 ······ 42
（五）功能评估观察表的作用 ······ 43
（六）功能评估观察表的内容 ······ 43
（七）功能评估观察表的使用 ······ 49
（八）观察表的制作、观察和记录实践 ······ 50
（九）功能评估观察表数据解释 ······ 53
（十）确认或修改初始的结论性陈述 ······ 55
（十一）直接观察数据分析样例 ······ 55
（十二）基于观察数据的决策 ······ 59

五、功能分析操作 ······ 61
（一）何时进行功能分析 ······ 61
（二）参与的人员 ······ 62
（三）实施功能分析的过程 ······ 62
（四）检验不同类型结论性陈述的观点 ······ 64
（五）功能分析操作实例 ······ 65
（六）功能分析程序的重要注意事项和指南 ······ 68

第三章 行为的功能与干预的连接 ······ 71
一、连接功能与干预的重要性 ······ 72
二、功能与外在表现 ······ 73
三、基于功能的教学干预 ······ 73

第四章 制订行为支持计划 ······ 75
一、制订行为支持计划 ······ 77
二、制订行为支持计划的四个注意事项 ······ 77
（一）行为支持计划描述计划实施者的行为 ······ 77

（二）基于 FBA 的结果制订行为支持计划 ··· 78
　　（三）行为支持计划应有技术基础 ··· 79
　　（四）行为支持计划应该契合实施的环境 ·· 80
　三、选择干预程序：等值性行为模式 ·· 81
　　（一）构建等值性行为模式 ··· 82
　　（二）埃丽卡的等值性行为模式 ·· 90
　　（三）康奈尔的等值性行为模式 ·· 91
　　（四）斯图尔特的等值性行为模式 ·· 92
　　（五）柯蒂斯的等值性行为模式 ·· 93

第五章　撰写行为支持计划 ·· 97

　一、撰写行为支持计划 ··· 101
　二、为何撰写行为支持计划？ ·· 101
　三、识别可能的干预策略 ··· 101
　四、行为支持计划的因素 ··· 101
　　（一）操作性描述 ·· 103
　　（二）结论性陈述 ·· 103
　　（三）一般方法 ··· 103
　　（四）安全或危机计划 ··· 103
　　（五）关键常规 ··· 104
　　（六）监控和评估 ·· 104
　　（七）行为支持计划的实施方案 ··· 105
　　（八）马拉的行为支持计划样例 ··· 105

附录 A　功能评估访谈表（FAI） ··· 107
附录 B　学生导向的功能评估访谈表 ··· 115
附录 C　功能评估观察表（空表） ··· 119
附录 D　尤兰达的功能评估观察表 ·· 120
附录 E　观察表结论性陈述的实例 ·· 121
附录 F　等值性行为模式表（空表） ··· 122

译后记 ·· 123
关于作者 ·· 125

推荐序

以往人们总是习惯于把学生的问题行为看成是学生内在的特质或与障碍相伴随的特征，并根据学生的外在表现来实施干预。然而，事实证明这种处理问题行为的方式效果很差，甚至适得其反。近30年来，人们逐渐把目光投向学生所处的环境，通过功能性行为评估探明问题行为产生的内在和外在原因，对其进行有针对性的干预，目前已取得大量的成功案例。

功能性行为评估及干预有许多明显的优势，首先它通过运用一系列方法来确定问题行为的功能和需要，在努力消除问题行为的同时尽可能地满足行为者的需要，因此具有人文关怀的特点。其次，将评估与干预紧密地捆绑在一起，既充分发挥了评估的作用，又使干预更为及时和有针对性。再次，通过改变环境事件和前提事件来避免问题行为的产生，具有主动性和预防的特点。最后，从环境事件、前提事件、个体行为、实际后果等多个方面实施综合性的干预计划，常常能获得明显的效果。

21世纪初，功能性行为评估及干预的方法已经被介绍到我国，但迄今为止，这类图书的数量还是非常少的，不利于该方法在国内的推广和普及。华夏出版社邀请国内专业人士翻译出版《功能性行为评估及干预实用手册》一书，我认为是十分有意义的。

该书具有以下几个显著特征：

第一，系统、详细地介绍了功能性行为评估中需要使用的访谈、直接观察和功能分析三种收集信息的方法，以及根据结论性陈述制订行为支持计划的方法，对教育教学实践有很强的指导价值。

第二，每一章都从"世界之窗"（两个案例）开始，在正文中还穿插了大量不同年龄、障碍或非障碍、学校或工作背景下的实例，便于读者理解和应用功能性行为评估及干预的理论和方法技术。

第三，作者设计了功能评估访谈表、功能评估观察表、等值性行为模式表等结构简洁、操作方便的表格，为读者在问题行为的评估及干预研究和实践中提供了非常实用的工具。

第四，作者的文字表达清晰流畅，逻辑性强，对各种原理和方法技术的说明深入浅出，易于掌握。中文翻译语句流畅，专业术语表达准确。鉴于此，本人向师范院校的本科生和研究生、广大的教育工作者和研究者推荐这本书。

北京师范大学中国基础教育质量监测协同创新中心

2017年11月24日

前 言

与之前的版本相比，本手册第三版的改进体现在多处地方。我们采用分析问题行为模式和发展支持计划的方式，不断推进概念和技术上的实质性进步，并期望将它们完美融合在本手册中。同时，我们修订了第二版中的表格和程序，相信这样的修订能够提高功能性行为评估过程的效率和有效性。总之，为教师、临床医生及家庭成员不断地提供实用的策略，并能在日常工作中更好地帮助他们，这给予了我们强大的动力。

本手册的大部分内容在专门讨论干预策略，这些策略是基于功能性行为评估（functional behavioral assessment），而不是功能分析（functional analysis）。功能性行为评估指的是一种广泛收集信息的过程，用来帮助理解问题行为发生的情境以及建立有效的支持计划。功能分析则是一种对维持问题行为的环境变量进行实验操控的过程。这两种方法中包含的术语和策略在本书中会有详细的论述。

我们致力于支持那些表现出严重问题行为的人，因为他们自己以及试图帮助他们的服务人员和家庭成员经常陷入不同水平的危机中。在本书中，我们尽一切努力来提供适宜且安全的指导。然而，我们也发现没有任何一种程序可以完全保证陷入问题情境中的个体的安全性。因此，我们必须澄清一点，个体在使用本手册中描述的程序时，确保个体安全的全部责任由实施和监督程序的相关人员负责（如教师、心理学家、父母及家庭成员、寄宿和工作环境中的工作人员及咨询师）。美国政府、俄勒冈大学、犹他大学、托鲁大学、俄勒冈州、犹他州、加利福尼亚州和手册的作者以及出版者均不承担任何法律责任和人身安全义务。

致　谢

衷心感谢实施本手册所有版本中提及策略的教师、家庭成员、咨询师、研究员等，他们为我们提供了大量的反馈信息，既包括积极方面的反馈，还包括通过修订而受益的反馈。特别感谢史蒂夫·牛顿博士（Drs. Steve Newton）、爱德华·卡尔（Edward Carr）、格伦·邓拉普（Glen Dunlap）、韦恩·赛勒（Wayne Sailor）、琳·凯格尔（Lynn Koegel）、罗伯特·凯格尔（Robert Koegel）、丹尼尔·贝克（Daniel Baker）、雅基·安德森（Jacki Anderson）、安妮·托德（Anne Todd）女士，他们为第三版的筹备提供了有益的建议和反馈。我们还想感谢伯尔赫斯·弗雷德里克·斯金纳（B. F. Skinner），他的行为分析研究为本书提供了实证基础。我们还要感谢那些有或没有障碍的学生以及感谢那些有障碍的成人为书中所描述的程序提供指导和反馈。

还要真诚感谢那些为第三版提供有价值意见的读者：
- 苏珊·科普兰（Susan Copeland），新墨西哥大学（University of New Mexico）
- 玛丽·埃斯蒂斯（Mary Estes），北得克萨斯大学（University of North Texas）
- 辛西娅·格里宁（Cynthia Grunning），里德大学（Rider University）
- 黛博拉·盖耶（Deborah Guyer），托莱多大学（University of Toledo）
- 朱丽叶·哈特（Juliet Hart），亚利桑那州立大学（Arizona State University）
- 罗纳德·马特拉（Ronald Martella），东华盛顿大学（Eastern Washington University）
- 戴安·迈尔斯（Diane Myers），阿桑普申学院（Assumption College），伍斯特（Worcester）
- 阿诺德·尼亚拉姆比（Arnold Nyarambi），东田纳西州立大学（East Tennessee State University）
- 戴安娜·普兰科特（Diane Plunkett），海斯堡州立大学（Fort Hays State University）
- 德布·施魏克特－卡廷（Deb Schweikert-Cattin），里吉斯大学（Regis University）
- 苏珊娜·谢雷迪（Suzanne Shellady），美国中密歇根大学（Central Michigan University）
- 简·韦纳（Jan Weiner），加利福尼亚州立大学（California State University），富勒顿（Fullerton）

罗伯特·E. 奥尼尔

理查德·W. 阿尔宾

基思·斯托里

罗伯特·H. 霍纳

杰弗里·R. 斯普拉格

第一章　概述

世界之窗　案例一

克里斯是一名中学生，就他这个年纪的孩子来说，他长得又高又大。他的家庭生活困难，学业上面临挑战。他凭借身高和体重的优势欺负同伴，在学校中表现出攻击和打人的行为。他通过这些行为向同伴要钱，让他们替他写作业，因此，克里斯被贴上了小霸王的标签。他在骚扰和攻击他人时很小心，往往找成人不在场的地方（如更衣室、浴室），且有同伴围观。如果受害者拿不出钱或者不替他写作业，克里斯就会继续推打，因此，受害者不得不给钱或者替他写作业。如果受害者（或者旁观者）告诉其他人，克里斯会以更多的伤害相威胁。克里斯的一些同伴发现这种方法有效，纷纷效仿。一名受害者的父母通过家长监控在监控孩子的社交网络发帖时，发现了一条孩子向朋友发送的关于这个欺凌问题的帖子。他们将这条信息向学校负责人反映。学校负责人成立了一个学生研究小组，但是研究小组在如何处理该情况上存在分歧。克里斯是应该停学，还是开除？他是否需要咨询，或者更好的监测，或者个别化行为计划？是否需要为受害者开展咨询？学校是否应该在处理学生问题行为或者欺凌行为方面多做一些事情？

世界之窗　案例二

尤利有严重的智力障碍。在学校那些年，她充分地被接纳，通过成功转衔计划的她现在住在公寓里，在一个较大的会计事务所从事文书、复印和跑腿等差事。就业援助机构的就业辅导员对她进行工作培训，并为她在工作场所安排有经验的指导者，就业辅导员每周要来工作场所几小时，为尤利提供帮助。尤利已经在此工作一年了，她的主管对她的表现一直很满意。然而，最近尤利开始周期性地表现出问题行为，例如突然大声尖叫并扔东西。这已经造成很大的破坏并引起了关注，而且主管已经通知了就业辅导员，如果这种行为持续到下周仍不见改善，尤利将被停职，还有可能被开除。就业辅导员和援助就业负责人都感到担心。虽然他们在帮助障碍群体找工作和教授如何完成工作任务方面有着丰富的经验，但是他们都没有接受过处理问题行为的相关培训，也没有这方面的经历。他们不确定该如何处理尤利的问题，也不知道应该向谁寻求帮助。

一、本手册的目的

该手册通过具体的表格和程序介绍问题行为（problem behaviors）①综合的功能分析过程、设计与实施个别化积极行为干预的信息收集过程以及帮助与支持个体（如克里斯和尤利）的支持计划。功能性行为评估（functional behavioral assessment, FBA）一般指的是收集问题行为信息以及对预测和维持问题行为的事件进行精确描述的一系列过程。收集和分析行为的信息为行为支持计划（behavior support plan, BSP）的建立奠定了基础。功能性行为评估的主要目的是提高行为支持计划的有效性和效率。

功能性行为评估的过程包括：访谈、量表评定、检核表、自然情境下直接观察，有时还需要系统的条件操作，以实现对问题情境的实验分析。在实验分析中，一边操作环境中的因素（如有意安排特定的条件以观察问题行为是否发生，或者在问题行为发生之后给予一个奖励），一边观察行为。这些实验分析是综合功能评估的一部分，往往又被称为结构分析（structural analysis）或功能分析（functional analysis）。在过去的几十年里，研究主要关注寻求最简单的和最有效的实施功能性行为评估和分析的策略。关注点已经从依靠惩罚解决问题行为，转移到通过功能评估和分析来设计基于功能的积极行为干预和支持（positive behavior intervention and support, PBIS）策略，该策略重在对环境因素的重新调整来促进个体社会适应行为和技能的培养。

2004年《残疾人教育促进法》（Individuals with Disabilities Education Improvement Act, IDEIA）规定干预策略的使用要有科学性，要基于教学实践。该法案还规定，当学生的"不当行为与他/她的障碍有直接且实质性的关系"时，要实施功能性行为评估，制订行为干预计划（behavior intervention plan, BIP）（U.S. Department of Education, 2009）。大量的实践数据表明，功能性行为评估是一种有效且得到认可的策略，可以用于学校和其他情境中。除了美国教育部针对学校的法规之外，许多州还发布了一些条例和法规，要求：为在社区中居住、就业和接受其他服务与支持的智力和发展性障碍者制订行为干预和支持策略之前，要先进行功能性行为评估。换言之，功能性行为评估对于需要行为支持的学生和成人来说是最佳实践方式。

本手册的目的是通过逻辑图、表格和例子来帮助读者在学校、工作或者社区情境中实施功能性行为评估，制订基于行为功能的积极行为干预和支持计划，从而帮助个体解决问题行为，提高技能，并为他们提供适当的支持。

---

① 原注：在专业的文献中曾使用过大量的术语描述"问题行为"（problem behaviors），如不良、困难、发泄、破坏、挑战、不适当、危险和目标行为。在本手册中，我们大多数时候采用"问题行为"这一术语。我们所说的问题行为是指从教师、家庭成员或其他专业支持提供者的角度来看，给个体在学业、社交、工作和/或社区情境中造成了困扰的行为。

我们积极撰写本书，是因为我们相信：那些伴随着问题行为的群体想和在学校、职场和社区中的普通人一样，拥有高质量的生活，而这些机会的获得取决于我们设计和传递有效的积极行为干预和支持计划的能力。对于很多人来说，问题行为会影响学业学习、积极的社会互动和人际交往、完全融合和高品质生活。有效地实施积极行为干预与支持计划是在上述领域获得成功的关键。

本手册中给出了功能性行为评估和方案设计的基本方法，还有具体的表格和步骤，这些在学校、职场、社区和家庭情境中被证明是有效的。当使用恰当时，这些方法和程序可以帮助我们清晰了解问题行为发生的原因，制订有效的积极行为干预与支持计划。

本手册中，我们完善了行为支持的有效性评估，评估的标准不仅包括问题行为的减少，更为重要的是改变个体所拥有的机会，包括：个体学业学习和获得新技能的机会、社会融合的机会、参加有意义的活动的机会以及参与当地社区的机会。当行为支持促进了学生的学业和社会性，改善了个体的生活质量，除此之外，还消除或者减少了由问题行为引发的危险和不利影响时，我们可以说行为支持是有效的。

积极行为干预与支持计划的第二个焦点是强调综合性干预。这些干预方法通常包括多个组成部分。综合干预关注适当行为和问题行为的后果，还关注对预示问题行为发生的前提条件进行调整，如学业问题、身体疾病和社会交往困难等。另外，综合干预的目标在于减少问题行为，最重要的是通过教授个体新的技能降低问题行为发生的可能性。

功能性行为评估就是获知引发个体问题行为的因素的过程，这些因素包括社交、学业、身体和环境的因素。功能性行为评估的总体目标在于收集信息，促进行为干预和支持的有效性和效率。随着我们对行为干预了解的增加，因此有必要调整评估程序。例如在功能性行为评估中，了解维持问题行为的后果是很关键的组成成分。但是如果评估中的信息是为了帮助人们调整生活中的物理环境、班级的课程或者工作环境中的社会结构，功能性行为分析必须包括问题行为发生情境中有关教学、物理或社会环境的细节。

功能性行为评估与医学诊断不同。我们不能根据功能性行为评估的信息，将问题行为与预先准备的临床干预方案进行简单匹配。功能性行为评估和积极行为干预与支持计划取决于对个体与他/她所在环境之间关系的理解（例如：学校情境，如教室、食堂、走廊和操场；家庭情境；工作情境和工作要求）。功能性行为评估需要收集充足的信息来为调整环境提供基础，使它们对具有沟通和行为障碍的人士有效。整个团队便可以将功能性行为评估的信息运用于构建一个能融合学业、教学和医学变量的支持系统，从而创建有效的环境。我们希望手册中的程序能帮助那些有问题行为史的人设计有效的、有意义的学校、家庭、社区和工作环境。

二、手册的适用对象

本手册意在帮助有不同需求的人,他们或是独自负责,或是共同负责为伴随问题行为的个体制订计划和提供行为支持。手册中的评估程序和表格对多种群体均适用,包括:教师(普通教育和特殊教育)、学校咨询师、学校心理咨询师、支持提供者以及在工作和居住情境中为成年障碍者服务的人员,还有家庭中为其他家庭成员提供支持的家庭成员。我们特别希望通过提供工具能够帮助专家以及其他与表现出严重复杂问题行为的人一起工作的群体。通常一般的支持策略对这些行为并没有效果,除了非正式观察,还需要更多途径来理解这些行为。在为这些个体确定有效的支持策略时,手册中的这些工具将很有帮助。

问题行为可能会呈现出不同形式,存在不同的严重性程度,其风险/危害等级从轻微到中重度不等(例如拒绝写作业或者参加活动;在学校中或者工作中搞破坏;诅咒、辱骂或者其他不适宜的言语行为;破坏财物;打和咬的自伤行为以及暴力和攻击行为)。表现出问题行为的个体可能会以不同的形式被贴上标签,如"问题少年"或者小霸王、孤独症、情绪行为障碍(emotionally or behaviorally disordered, EBD)或者严重情绪困扰(severely emotionally disturbed, SED),或者有创伤性脑损伤,或者他们可能被贴上没有正式诊断的标签。这些个体就他们需要的全部支持、沟通和参与的能力、学校和社区情境中的适应能力而言,可能有很大差异。在本手册中,复杂的功能评估程序和表格可用于满足个体行为支持的需求,包括那些表现出各种问题行为的人以及那些在学校、职场、居住以及其他社区情境中被贴上标签的人。

我们鼓励读者调整和改编本手册中的工具。你们或许会发现,依据自己的专业角色或者所遇到的特殊情境或情形,对表格和程序做出稍微调整将十分有用。我们已经将表格或者程序设计得很灵活。只要对你们自己的情境有用,可以采用任何方式改变、修订或者调整这些表格。

本手册可以作为综合功能评估和制订基于功能的积极行为干预与支持计划的指南。本书并非意在呈现已被广泛证明有效的行为支持策略的综合信息。本手册中呈现的工具已被证明有效,并且它们是建立有效的干预策略的开端。我们假设本手册的使用者会有一些基本的培训和经验,包括应用行为分析和积极行为干预与支持的理论和策略以及为出现问题行为的个体提供过行为支持。

三、功能性行为评估

问题行为往往会引发困惑和挫折。出现问题行为的人,可能会发现这些行为令人不便和痛苦。他们的家人、教师、支持人员和倡导者在面对试图改变这种行为模式的挑战时也常常感到困惑和苦恼。在很多情境中，问题行为可能不仅危险，还令人费解。这种行为模式不但不符合常理，而且对陷于问题行为引发的困境中的人来说没有意义。例如，一个学生为什么会在无明显理由的情况下，突然打另一名学生，或者一个人为什么会用头去撞击窗户，给自己造成严重的身体伤害？一个好的功能性行为评估的目标之一就是为了清楚地认识并理解混乱和困惑情境。即帮助理解一个人为什么做出某种行为或者行为有什么功能。如果只关注诊断标签（如孤独症、精神发育迟滞、唐氏综合征）或者只关注问题行为的外在表现形式（如打、脚踢和尖叫），那么我们很难实现这个目标。例如，打人这一行为可以获得教师的注意或逃避一个困难的学业任务，或者兼具这两个功能。如果不理解行为的功能，任何特定干预的有效性很可能就靠碰运气了。例如，如果学生打人是为了引起教师的关注，教师阻止学生打人的行为和责备她都可能强化打人的行为（学生成功地得到老师的关注）。如果学生的打人行为是为了逃避困难的学业任务，把她送到办公室或被遣送回家也可能强化了她的打人行为（学生成功地逃避了学业任务——一个负强化的例子）。

理解行为是通过系统的评估，理解行为的功能、问题行为发生（或不发生）的原因变量和维持那些行为的后果来实现的。

四、功能性行为评估是什么？

功能性行为评估是收集信息资料的过程，这些信息资料可用于实现行为支持计划有效性和效率的最大化。如关键点 1.1 所示，当获得六个主要成果时，功能性行为评估就结束了。

关键点 1.1

功能性行为评估的六个主要成果：

1. 清晰地描述问题行为，包括与问题行为同时频繁发生的各种行为。
2. 识别预测问题行为发生与否的立即前提。
3. 识别预测日常生活情境中问题行为发生与否的事件、时间和情境。
4. 识别维持问题行为发生的后果，即行为的功能是什么。
5. 形成一个或多个结论性陈述或者假设，以描述特定的行为、行为发生的特定情境以及维持这些行为的后果或强化物。
6. 收集直接观察的数据，用来支持已形成的结论性陈述。

实施功能性行为评估可以采取多种形式，同时也会有不同的准确水平。有人使用 A–B–C（antecedent–behavior–consequence）数据收集表格实施功能性行为评估；有人通过观察不同情境中不良行为，从中得出结论，"他这样做是因为……"或者"她这样做是为了……"，从而形成一条关于影响行为的变量的结论性陈述。经验告诉我们，当评估信息提供了行为功能的一个假设，该假设可以有把握地预测问题行为可能发生的情境以及维持问题行为的后果时，那么功能性行为评估对于行为支持计划的制订就会很有帮助。功能性行为评估程序与问题行为的复杂性相匹配很重要。也就是说，如果通过不那么严谨且易于实施的评估程序就能确定地描述预测和维持问题行为发生的事件，那么就不需要使用更复杂的评估程序。例如，很容易理解一个孩子为什么会在一家杂货店为了糖果而发脾气和尖叫（该行为的功能是得到糖果），所以没有必要进行正式评估。但是，如果通过一个程序（例如访谈）不能生成清晰且易于理解的模式，就有必要采用更加密集且精确的观察和操作。本手册中介绍的程序和工具为实施全面的功能评估提供了一系列切实有效的策略。事实上，这里介绍的全部程序可能比临床医生或者从业者（行为专家、教师、程序管理者）通常需要设计的典型支持计划更全面。不管怎样，本手册囊括了全面的评估方法和选项，以满足存在持久的和复杂的行为或者行为群的个体和情境的需要。

五、全面功能评估方法概述

收集功能评估信息的具体方法分为三大策略：资料收集法、直接观察法和系统操作情境法（即功能与结构分析）。（见关键点 1.2）

关键点 1.2

收集功能评估信息的三大策略：

策略 1：资料收集法。访谈个体和/或访谈那些最了解个体的人。

策略 2：直接观察法。在自然情境中观察个体一段时间。

策略 3：功能分析操作法。在模拟或者自然条件下，系统地处理潜在的控制变量（后果或者结构变量），并观察其对个体行为的影响。

（一）资料收集法

实施功能性行为评估的第一个策略是访谈表现出问题行为的个体（如果可能的话），访谈那些与个体直接接触并了解个体的人。访谈的目的是提供问题行为发生的信息或者从相关人员（父母、教师）那里获得信息。访谈（甚至是自我访谈）和其他的资料收集方法（检核表、问卷、评定量表）在确定行为的功能，定义和缩小影响行为的变量的范围方面很有用。访谈是一种典型的好方法，它可以整合所有人已有的关于个体行为模式的信息。

功能性行为评估访谈的主要目的是识别环境中可能与特定个体的具体问题行为有关的事件。在进行访谈时，还要考虑到个体的日常活动安排。如果关注的是学校的学生，那么就要解决好如下问题。学校的一日生活和教室活动安排是怎样的？学生是怎样进入教室的？晨课和活动是什么？在转换过程中（从一个情境到另一个情境，从一个任务到另一个任务，或从人到人）发生了什么？学生是如何从一个房间到另一个房间的？在午休和午餐时发生了什么？要考虑问题行为发生的特定的情境和情形。通过访谈中提出的问题来了解这些情境的哪些特征对个体存在显著影响。在这些情境中，哪些事件的改变可能与问题行为的增加和减少有关？需要注意的是，在相同的情境中出现同种类型问题行为的两个个体可能是在对情境的不同特征做出回应。例如，当其他学生打扰了这名学生时，他可能会出现身体的攻击行为。然而，当另一名学生独处时，她为了获得其他人（教师、同学）的关注，可能会出现攻击行为。访谈的目的之一就是理解行为的功能以及在情境与日常活动中与问题行为相关联的前提和后果的特点。

功能评估的作用就是评定特定个体在情境中发生的问题行为。可能因为我们经常讨论，以至于产生这样的感觉，即一个人"拥有"一种行为。应用行为分析认为行为发生在一定背景下，而不是一个人固有的。尤利不是一个"尖叫者"，相反，当面对工作时，她不知道该怎么办。尤利会一直尖叫直到取消工作（或者她得到帮助）。克里斯可能被称为小霸王，他通过恐吓、推打和骚扰同龄人得到钱和好处，同时也是为了获得同龄人的关注并在他们中取得一定地位，这才是对克里斯问题行为更为准确的分析。

当我们把问题行为看作发生在个体上时，将重点放在"修复"或者试着改变个体上才是符合逻辑的。当我们把问题行为看作发生在情境中时，将重点放在改变环境以及如何使个体行为适应情境上才是符合逻辑的。改变环境，教授个体以更有效的方式适应情境的技能，最终促使个体的行为发生变化。例如，当一名学生被要求在阅读小组中大声阅读时，她会表现出问题行为（逃避大声阅读，因为该生对于自己缺乏阅读技巧感到尴尬），然后教师可以通过筛选文章段落的方式，选择几段学生知道的，或者可以提前开展阅读教学使学生知道段落中的所有难词。教师还可以让学生参加一个阅读补救小组，以更好地学习如何试着读出新的和不熟悉的词语。教师通过调整情境和增加指导的方式改变环境，从而改变了学生的行为（她现在认识了有难度的词语，因此没有必要表现出逃避行为）。改变环境通常包括改变教师/员工/家长的行为，还包括教授新的适应性的和恰当的技能，这些新的技能与问题行为有相同功能。功能评估是理解与问题行为有关的情境（前提和后果）的过程。访谈是一种有价值的工具，可以用于识别重要的或者与个体问题行为相关的情境特点。访谈还是了解更多有关个体当前的技能和行为的一种方式。

有关行为的描述如关键点 1.3 所示。

关键点 1.3

什么是行为？

行为是个体表现出来的可以观察到的活动，两个或者多个观察者可以对行为的发生达成一致（例如，"感觉"是不能观察的，然而"跟随教师的引导"是可以观察的）。行为不是指个体的内心状态，例如攻击性或情绪障碍。隐藏的感觉或者状态无法观测。如，"冲着教师大喊大叫"是公开的，可以被观察和测量；"对教师感到沮丧"是一种内心状态，难以界定、观察和准确测量。

功能性行为评估的访谈提纲、检核表、评定量表和问卷调查表的很多样例可以在文献中找到。然而，在大多数情况下，这些工具共同强调获得以下有关信息：

1. 引起关注的问题行为是什么？
2. 那些发生在问题行为较早时间之前，能增强问题行为发生可预测性的事件或情境是什么？
3. 那些刚刚发生在问题行为之前，准确预示问题行为的发生（与问题行为发生相关）的事件或情境是什么？
4. 那些准确预示问题行为不会发生的事件或者情境是什么？
5. 考虑到问题行为发生的具体情境，那些看起来维持问题行为的后果是什么？
6. 那些能产生同样后果（如有着同样功能）的适当行为（如果有的话）有哪些？
7. 我们可以从先前的行为支持努力（已经尝试和发现的无效策略、部分有效策略、短时间内有效的策略）中学到什么？

（二）直接观察法

收集功能评估信息的第二大策略就是在日常活动中，系统地观察表现出问题行为的个体。系统的、直接的观察一直以来都是对评估程序应用性使用的基础。直接观察通常由那些已经与个体一起工作和生活的教师、直接支持人员和（或者）家庭成员实施。观察必须在不干扰正常的日常活动或者需要大量培训的方式下完成。在大多数情况下，观察者要记录以下信息：问题行为是什么时候发生的，行为发生之后随即发生了什么以及在该情境下他们对行为功能的认知是什么。当收集了10~15个问题行为的实例信息时，观察者便有机会发现是否存在一个行为模式，以确定以下内容：

1. 行为的功能是什么？
2. 伴随问题行为一起发生的是什么？
3. 什么时间、什么地点、何人在场时，问题行为最有可能发生？
4. 什么时间、什么地点、何人在场时，问题行为最不可能发生？

5. 维持问题行为发生的后果可能是什么？

在第二章中我们呈现了《功能评估观察表》(Functional Assessment Observation Form, FAOF)。我们认为该表格在确认、构建通过资料收集法获得的信息方面，实用、高效且有效。

（三）系统操作法（即功能和结构分析）

收集功能评估信息的第三大策略涉及对与问题行为相关或者不相关特定变量的系统操作。 进行结构或者功能分析时，须系统地操作环境，同时要仔细地观察行为。一个经常使用的功能分析方法会根据目标行为的出现情况对后果进行操作。结构分析涉及对前提变量和情境的操作，例如任务难度、任务长度、活动中需要注意力的水平、在活动中增加或减少选择、记录目标行为的次数或者出现频率。功能分析和结构分析是对环境变量和问题行为发生与否之间关系的正式检验。这些分析在进行全面功能评估中是最精确、最严谨和控制最强的方法。对环境变量的系统操作是明确论证环境事件（前提或后果）与问题行为之间存在功能关系的唯一途径。

进行系统操作需要耗费大量的时间与精力，但是在某些情况下，这或许是对问题行为进行适当评估的唯一方法。由于功能和结构分析涉及创设情境（而这将引发或者可能引发问题行为），还由于该过程的成功需要研究性技能，因此建议进行系统操作的直接参与者一定要接受研究训练，包括功能评估、积极行为干预与支持和（或）应用行为分析。

本手册介绍了执行这三种功能评估策略的具体程序。然而，我们重视访谈和直接观察法，因为我们相信这些方法在学校、家庭和社区中最适用。需要记住的关键问题是，采用这些策略是为了确定问题行为的功能、问题行为与引起和维持这些行为的前提和后果之间的关系。我们的设想是，通过理解这些关系，我们可以建立积极行为干预与支持计划，使得干预更有效和高效，还能使存在问题行为的个体在学业、社会技能、生活方式上产生更广泛的变化。

六、实施功能评估的原因

实施功能评估有两个核心原因。第一个原因是有关问题行为发生和不发生的时间、地点和原因的信息对于建立有效和高效的行为支持是非常有价值的。不理解问题行为的功能，干预可能成功，也可能失败。如果没有进行功能评估便开始进行干预的话，可能会使问题行为变得更糟。我们看到的实例中，有一个孩子发脾气是为了获得一份奖励，随后便告知她，如果保持安静的话，便可以得到奖励；还有一个孩子为了逃避任务而表现出攻击行为，随后这个孩子由于他的攻击行为而被安排到角落里（这是一个负强化的例子）。在每一个例子中，基于假设的解决方案实际上强化了问题行为。使问题行为变得更糟糕，这一危险是真实存在的。功能评估不仅有助于制订有效和高效的计划，还有助于我们避免计划性的失误。

第二个原因是针对严重的问题行为，功能性行为评估是一个专业的标准。例如，1988年行为分析协会（Association for Behavior Analysts）提出了"有效治疗的权利"（Right to Effective Treatment），指出每一个接受行为干预的个体都有权利享有专业的功能评估。美国国家卫生研究院（National Institutes of Health, NIH）对危险性和破坏性行为达成重要共识（NIH Consensus Report, 1989），强烈赞同使用功能评估程序。美国教育部（U.S. Department of Education）在2004年的《残疾人教育促进法》中明确指出对那些接受特殊教育服务且存在问题行为的学生进行行为干预时要使用功能性行为评估。许多州（如明尼苏达州、佛罗里达州、加利福尼亚州、犹他州、华盛顿、俄勒冈州和纽约州）已经制定了法律或州法规，明确规定在采取重要的行为干预之前需要进行功能评估。许多专业组织，如TASH、预防限制和厌恶干预及隔离联盟（Alliance to Prevent Restraint, Aversive Interventions and Seclusion，APPAIS）、反限制和隔离家庭组织（Families Against Restraint and Seclusion）、精神疾病国家联盟（National Alliance on Mental Illness）、美国智力和发育障碍协会（American Association on Intellectual and Developmental Disabilities，AAIDD）、智力和发育障碍社区组织（Arc）、积极行为支持协会（Association for Positive Behavior Support），已经正式声明有必要进行功能评估和积极行为支持。

伦理考量 1.1

有关功能评估和积极行为干预与支持的伦理问题

1. 干预的成功是基于行为的功能吗？
2. 问题行为的功能评估总是能表明什么是最有效干预吗？
3. 减少不良行为是错误的吗？
4. 当使用惩罚程序时，伤害到学生可以吗？
5. 不使用惩罚程序时，所有的问题行为能减少吗？
6. 惩罚程序是否应该仅作为最后的手段？
7. 出现问题行为的个体有权利享有"有效的治疗"吗，这种"有效治疗"涉及基于厌恶后果的干预，如应用感觉惩罚、身体惩罚或电击？
8. 在特定条件下使用基于厌恶后果的干预是能接受的吗？
9. 产生期望的反应或者更少产生非期望的反应，哪一个更重要？
10. 厌恶程序从外在形式上看类似折磨吗？
11. 任何干预总是有效的吗？
12. 我们使用干预程序以尽可能地迅速减少问题行为，这是受伦理约束的吗？

摘自 Brown, Michaels, Oliva, & Woolf（2008）; Carr, Robinson, & Palumbo (1990); Singh, Lloyd, & Kendall (1990); Storey & Post (2012).

功能性行为评估是教师、心理学家和成人服务提供者对学生和成人提供行为支持的专业标准。它是设计和实施积极行为支持干预和支持的基本程序。功能评估的使用不仅有纲领性意义，还是该领域值得期待的实践。

另外，关于对存在问题行为的个体所使用的不同干预方法，许多伦理和法律问题已被提出。关于功能评估和积极行为干预和支持的伦理问题在伦理考量1.1中进行概述。这些问题在本手册的其他部分中都得到了直接和间接的强调。

七、实施功能评估之前需要考虑的其他因素

考虑到需要广泛的影响，行为支持也经常受益于其他同类评估程序。我们已经应用并发现很有价值的三个其他同类评估数据资源，分别是（一）以人为中心的计划；（二）活动模式和社会生活；（三）医学和身体的因素。

（一）以人为中心的计划

已经提出多种方法来建立以人为中心的计划（person-centered plan, PCP），或者对个体的未来愿景。该计划的制订依靠积极参与个体生命的所有人。一般来说，应该有一个广焦点，包括极其强调个人的喜好和个人的长处，而不仅仅是他/她所经历的问题和困难。以人为中心的计划过程为建立积极行为干预与支持计划提供了一个广泛的背景。正是通过这个更广泛的过程，我们遵循著名的行为分析师托德·里斯利（Todd Risley）博士的建议，开始提供良好的行为支持，帮助个体"振作起来"（get a life），然后构建可能需要的更详细的行为支持系统（Risley,1996）。

（二）活动模式和社会生活

我们的生活质量，在很大程度上受到我们从事的活动和经历的社会生活的影响。通过分析人们的活动模式，可以解决一些问题，如他们参与的活动的种类、他们体验到的社区融合程度、他们的偏好被体现和顾及的程度。说到社会生活，人们的社交网络（大小、有无重要他人、关系时间长短）和社会交往的状态（如与首选的人参加首选的活动机会的数量）可以提示哪些需要在支持中做出改变。

（三）医学和身体的因素

检查医学和身体的状况非常重要，它可能影响问题行为。行为干预经常用于处理由医学或身体原因导致的问题行为。值得关注的是，要确定和排除与严重问题行为的特定模式有关的医学或身体

因素。许多状况，包括过敏、鼻窦炎或中耳感染、经期前和月经周期影响、尿路感染、牙痛和慢性便秘可能加剧特定行为的发生。考虑到许多障碍者使用了多种抗精神病药物、控制癫痫的药物和其他类型的药物，药物疗法的效果和副作用就是需要考虑的另一个重要方面。明确这些医学或身体变量的影响并找到处理它们的策略，通常需要协作支持，包括适当的医疗人员提供必要的信息和服务。

八、价值声明

功能性行为评估并不是一个价值中立的技术。在本手册中，我们提供了三个基于价值假设的材料和程序。**第一个基于价值的假设是行为支持必须将人的尊严作为首要关注的问题来进行**。功能评估是适当的，因为它承认人的行为是有功能的。人们并不是因为被贴上的某个标签，如孤独症或精神疾病，就热衷于自我伤害、攻击、严重的破坏财物或严重的破坏行为。确切地说，他们从事那些对其有效且在某种方式上持续有效的行为模式。他们的行为是存在逻辑的，功能评估是在试图理解该逻辑。

第二个基于价值的假设是功能评估的目的不仅仅是识别和消除不良行为，还包括通过这些行为的结构和功能，来教授和促进有效的替代行为。积极行为干预与支持的目标是通过调整个体周围的环境和支持的模式，使他们的问题行为无关、无效或者低效。例如，如果萨内拉用拳头打自己的头部是为了得到同事的关注，那么可以教给她一个更有效的替代策略，这个策略是积极的，还能发挥相同的功能，如举起一张卡片，上面写着："我想得到你的关注。"我们希望您能从这本手册提供的材料和程序中获得信息，从而更有效地实现以下目标：

- 可以消除或者调整那些促使个体出现不良行为的不必要情境。
- 可以教授更有效和高效的新行为或替代行为，使不良行为变得没有必要。
- 促进人员对问题行为的有效反应，包括减少强化问题行为，同时促进恰当的替代行为的反应。

第三个基于价值的假设是功能评估是观察行为和环境之间关系的过程。它不仅仅是对存在问题行为个体的"审查"。如果不在问题行为发生的更广阔的环境背景中观察问题行为，那么问题行为终将无法得到解决。功能性行为评估应该提供不良行为的信息、相关的环境结构特点、支持提供者的行为及支持的模式，如人员配置模式。功能性行为评估既是对环境（日程表、活动方式、课程、人员支持、物理情境）的分析，也是对个体行为的分析。不要让功能性行为评估成为对表现出不良行为或非期望行为个体的一种"指责"。

第二章　功能评估与分析的策略

世界之窗　案例一

　　基兰，10岁，是一名普通班四年级的学生。他被评定为"学习障碍"，并接受了个别化教育计划（IEP）。基兰表现出一些行为，他的老师马丁内斯女士把这些行为看作主要的问题行为。这些行为包括拒绝做需要独立完成的课堂作业，无法完成作业，不能集中注意力听从教师的指令，玩学习用具（纸、铅笔、书和尺子），对其他同学做出粗鲁的评论。基兰的行为在教室里、操场上、礼堂和餐厅里都被认为是不受欢迎的。他已经收到了几个转介至教导处的处分(office discipline referrals, ODRs)，但是这些措施似乎对他的问题行为的改善并没有任何作用，他的学业表现仍在下降。他的老师已经向学校的积极行为干预与支持（PBIS）小组递交了援助申请表，请求该团队考虑为基兰制订个别化的行为支持计划。PBIS小组同意对基兰进行一次功能性行为评估（FBA），并将其作为制订和实施行为支持计划的第一步。小组成员里包括学校的特殊教育教师华盛顿女士，她曾接受过培训，在进行功能性行为评估方面有着丰富经验。她指出她将复审马丁内斯女士在援助申请表里和基兰的ODR表格里提供的信息，然后和马丁内斯女士以及班级助教一起坐下来进行一次功能性行为评估访谈，最后安排几次在问题行为最频繁发生的情境和环境中对基兰的观察。考虑到要访谈基兰父母中的一方或双方，还可能让基兰参与访谈，她还会联系基兰的家人。

世界之窗　案例二

　　米奇，19岁，是一名由学区负责的转衔项目里的学生，被安置在当地社区学院工作。他被学区评定为有轻度至中度智力障碍。他有着良好的口语表达能力，非常幽默，喜欢运动，还是当地大学社团的超级粉丝。他从转衔项目的就业辅导员那里接受了与工作相关的技能培训，目前正在当地大学生活动中心的餐厅工作。米奇的转衔计划要求当地的支持性就业机构接管他的培训任务，并支持他在当地的餐厅找到一份工作。问题是米奇与其他职工会因工作或运动陷入争吵且争吵声音变大，具有破坏性，他经常使用嘲讽或辱骂的语调挑起言语冲突，有几次在工作场所还向同事发起身体攻击。米奇的问题行为对于他的培训是一个显著障碍，也让他未来的工作计划置于危险境地。机构的就业安置专家质疑所提出的安置建议是否是适当的和可能的。学区和就业项目负责人一致认为米奇接受转衔项目培训的同时，还需要正式的行为支持计划。要求该区的PBIS协调员对米奇进行功能性行为评估，制订一个可以在培训和工作场所实施的积极行为支持计划。协调员还计划对米奇学校的员工、就业辅导员以及大学餐厅的员工进行访谈。另外，协调员还想在家中、在餐厅和社区环境（如购物、乘坐公共汽车）中观察米奇。

一、评估过程

针对问题行为的评估过程可能包括多种收集信息的方法。使用的方法和评估活动的范围依赖于问题行为及其发生情境的复杂性。随着问题行为复杂性的增加，确实需要更规范和更全面的程序来收集行为评估信息。本手册给出了三种收集功能性行为评估和分析信息的策略：访谈相关人员、系统且直接地观察行为、系统操作环境的偶然事件或条件（即功能或结构分析）。我们以不同的方式使用这些策略。通常情况下，我们从访谈开始，然后到系统直接的观察，最后以系统操作完成评估过程。然而，在很多情况下，访谈和系统直接的观察是用来描述不良行为、识别预测因素和维持性后果、达到期望结果的主要手段。本章节将主要介绍这些策略。

二、功能评估访谈（Functional Assessment Interview, FAI）

问题行为往往是非常复杂的。研究人员、提供直接支持的个体和家庭成员可以从个体的学习历史以及影响她行为的体能状态中识别很多东西。功能评估访谈的主要目的是收集有关影响问题行为的事件信息。任务是缩小对这些事件的关注范围，尤其是那些可能对个体获得支持非常重要的事件。访谈并不是技术意义上的功能分析（也就是，它没有以实验为依据地证明功能上的关系）。但是，访谈有助于识别这些变量（情境、事件、活动），而直接观察和/或系统操作策略能定位这些变量。

（一）确定访谈对象

访谈对象可以分成两类。第一类是知情者，即教师、直接支持人员、同事或者其他相关人员（一起工作或了解当事人的人员）。他们应该是和个体一起生活或工作，已经观察个体足够长的时间，看见过个体问题行为的人。第二类是表现出问题行为的个体。决定这些个体能否参与访谈的因素包括，他们的年龄、接受访谈的兴趣、可用性和参与更复杂会话的能力等。为了获得有关个体的一些信息，主要与教师、父母和支持人员进行交谈最有意义。然而，想要访谈更适当和有成效，访谈还应该在这个过程中最大限度地包括当事人（请参阅本章后面标题为"包括个体在内：学生导向的功能评估访谈"部分，该部分通过举例告诉我们怎么做）。在访谈教师、父母和其他的知情者时，这些被访者必须包含至少一个，最好是两个或更多的与个体每天接触或者频繁接触的人。如果在适当的、可接受的情况下，当事人也可以和知情者一起参与访谈。对当事人也可以单独访谈，如果需要的话，可由一名支持者协助沟通。

根据我们的经验，教师、直接服务人员和家庭成员也可以依据访谈的过程，使用功能评估表进行自我访谈（本章后面有样例以及表格的说明）。例如，教师和他的助教可以留出时间来讨论和回答访谈问题，将其作为自我引导的过程。

（二）功能评估访谈的成果

功能评估访谈过程中有五个主要成果，它们同功能性行为评估过程的前五个成果相似，可以作为一个整体（见关键点1.1）。

1. 清晰地描述问题行为，包括频繁发生的行为链或系列行为。
2. 识别预测问题行为是否发生的立即前提（身体和环境的因素）。
3. 识别一般的或较远的生态或情境事件，这些事件会影响问题行为对用以维持其后果和与其相关的前提更为敏感或更不敏感的可能性。
4. 识别维持问题行为的后果和行为对于个体可能潜在的一个（或多个）功能。
5. 形成一个或多个结论性陈述（假设），以描述特定的行为、问题行为发生的情境（立即前提和情境事件）的类型与它们的功能（维持它们的后果）之间的关系。

此外，访谈可以收集相关的一系列其他信息，如个体的交往能力、策略，或者对于个体"有效"和"无效"的事件，或者可以作为有效强化物的项目和活动，这些信息能帮助制订个体的支持计划。

（三）功能性行为评估访谈的时长

一般情况下，功能性行为评估访谈需要的时长取决于所使用的特定的访谈表、问题行为及其发生的情境以及被访谈对象的复杂性。本手册介绍了两个访谈表，功能评估访谈表（FAI）和学生导向的功能评估访谈表（Student-Directed Functional Assessment Interview, Student-FAI），它们分别是在45~90分钟和20~40分钟内完成。然而，我们的经验表明，从一个访谈到另一个访谈，即使是使用相同访谈表，完成访谈过程所需要的时间也会有很大的不同。使用结构化访谈形式有助于保持访谈专注和高效，如功能评估访谈和学生导向的功能评估访谈。然而，有些个案可能需要更长时间的讨论。

从利用检核表进行简单的访谈形式，如教师和工作人员功能评估检核表（Functional Assessment Checklist for Teachers and Staff）（March et al., 2000），到全面的访谈形式，如这里介绍的功能评估访谈表，有各种功能性行为评估访谈表可供选择使用。应当指出的是功能评估访谈表可适用于特定的情况。对一些个体来说，既无必要，也没有价值去使用功能评估访谈表的全部内容和问题。

（四）功能评估访谈表的使用

功能评估访谈表分为 11 个主要部分（见附录 A）。下面，我们来分别介绍各个部分。

1. 描述行为

A 部分提供了清楚地描述不良行为的机会。本部分设计了两个问题来达成三个目标。第一个目标是鼓励受访者不仅列出最严重的不良行为，还要列出所有的问题行为。行为支持计划往往围绕行为链（如由相同后果所维持的所有行为）来设计。例如，如果洛拉大喊大叫，敲击桌子，扔东西以及乱跑都是由得到教师的关注（即行为的功能）所维持，行为支持计划将会一起解决这些行为。为促进这一过程，访谈者需要收集有关个体表现出的所有问题行为的信息。问题行为可以是极其危险的（严重的自咬行为），也可以是轻度的不良行为（推东西），或者是在功能上不具有相关性的行为（不断重复的动作，但该动作并没有干扰正在进行的活动）。然而，我们发现，出现严重问题行为的个体很少只表现出引起关注的一个或者两个行为。可能只有一个或者两个行为很危险，得到了高度关注，但是获得全面的行为清单很重要，这些行为包括你认为是有妨碍性的而且个体有规律地表现出来的行为。

第二个目标是促进行为的操作性描述。问题 A.1 列出如下内容：（1）行为的标签或者"标题"；（2）对所表现出的形态或者身体运动简单描述；（3）行为表现的基本频率；（4）行为一般持续的时间长度；（5）行为强度，允许访谈者记录她对于行为表现出的危险或严重影响程度的理解。关键是要提供清单中每个行为的简短的描述。

第三个目标是识别一起发生的或者以可预测的顺序或者链锁发生的不同行为。我们发现这个信息在建立行为支持计划时有着巨大的价值。一起发生的行为通常是属于相同的功能反应类型，即它们有着相同的行为功能。问题 A.2 将显示不同行为可能属于同一功能反应类型的信息。这将表明这些行为在行为支持计划中应该得到相似的处理。例如，洛拉的行为可能遵循一致的模式，一开始是大喊大叫（发表评论，呼唤教师或者其他同学），然后在自己的桌子上敲击。如果这些不能得到教师的快速回应，她可能会选择扔东西（如果有可用的东西），不然就会离开座位朝门口跑去。

2. 界定潜在的生态和情境事件

生态和情境事件是那些影响个体的环境或者日常作息的事件，这些事件不一定立即发生在不良行为之前或者之后，但是仍然影响这些行为是否发生。也就是说，事件可能发生在早上，但是在下午仍然影响问题行为。阿尔贝托和特劳特曼（Alberto, Troutman, 2013）将情境事件界定为："个体在生活中遇到的所有境况，从文化影响到不舒适的环境，这些都有可能暂时改变强化物的力量。"例如，由疾病带来的不舒服或者痛苦，一个拥挤且嘈杂的环境，或者预见性的缺乏，这些都有可能成为增强个体逃离该情境的（负性）强化物。一段时间内不与同伴接触或者沟通，可能成为增强获得同伴关注的（正性）强化物。在更严谨的行为术语体系中，这些事件可以具有**建立型操作**（establishing operations）的作用。库珀、赫伦和休厄德（Cooper, Heron, Heward, 2007）将建立型操作界定为："建立（增加）作为强化物的刺激、物品或者事件有效性的（一个）激励性操作。例如，食物剥夺将食物作为一种有效的强化物。"

下面的七项内容概述了我们已经发现对于理解特定个体的行为有重要作用的潜在情境事件。这些项目中有您要找的可能"诱发个体"问题行为的事件或者生态因素。

（1）**药物治疗**：确定一个人是否服用处方药。注意每天给出的用药的次数和每次给出的剂量。试着了解这些药物可能会如何影响他的机敏、神志、反应能力、烦躁等。还要注意个体是否使用可能会影响行为的非处方药或者使用其他物质（如咖啡因、尼古丁、草药）。

（2）**医学或身体问题**：个体是否患有过敏、哮喘、皮疹、感染或者可能引起疼痛或不适的其他情况？是否有身体的问题，如头痛、消化不良、胃酸倒流，这些问题不能直接观察到，但是可能是问题行为的特定模式、形态，以及定时发生的背后因素？涉及这些情况时，当个体缺乏足够的沟通技巧以提供这方面信息时，应尤为关注这些潜在问题。

（3）**睡眠周期**：确定个体每天通常睡多久、何时睡，以及如果每天超过一个睡眠时段，要确定睡眠持续的时间。是否有睡眠相关问题可能影响问题行为？

（4）**饮食安排或日常饮食**：是否有饮食或与食物相关的问题影响个体的问题行为？确定个体饮食的频率，每天摄入卡路里的数量，喜欢或者不喜欢的特定食物，以及饮食限制或者过敏等。对于某些与进餐时间或者食物相关的问题行为，相对简单的改变可能就会对问题行为产生影响，如允许个体吃得更少、更频繁地进餐或者调整食物特性（质地、温度、一口大小的食物块）。

（5）**日程表**：获得个体基本的每日活动日程表（问题5.A），然后识别出现问题的活动以及那些个体喜欢参与的活动。这两个后续问题（5.B和5.C）旨在收集活动对于个体具有可预测性的程度和可选择性的频率的相关信息。这一部分显示了对问题行为发生产生影响的人们生活的方面。

（6）**人数**：确定在工作、学校和家庭环境中的人数，以及这一人数是否与个体的行为有关。在定的空间里，尤其是更为狭小的空间中，人数过多通常会增加噪声、拥挤和混乱的水平。无论是障碍者还是非障碍者，很多人在这种情况下都可能难以很好地适应。

（7）**人员配置模式和互动**：许多障碍者在家庭、学校、工作场所，或者其他社区情境中得到大量的支持。工作人员或者其他人员（如教室志愿者、同伴指导者、同事、邻居）所提供的这些支持方法对于支持计划的成功至关重要。当您询问该领域的问题时，您需要了解个体感受到的支持提供者配置的一般模式或比率，以及各类支持和互动是否影响行为的发生。

3. 界定问题行为发生或不发生的立即前提事件（预测）

询问问题行为发生的具体情况，包括它们发生的时间和地点，它们不发生的时间和地点，何人在场和哪些特定的活动会出现问题行为。困难行为往往和情境的这些方面有关。了解这些关系能够帮助预测个体的问题行为的模式——"引发"问题行为的前提事件可能是什么。

（1）时间：行为在一天中特定时段是持续发生还是不发生？这样的信息在关注和分析问题时段和非问题时段的特殊周期方面很有用。在问题时段发生了什么？在非问题时段有什么不同？

（2）物理情境：在特定的物理情境中（教室的特定区域、特定的工作台、操场、浴室），行为是出现更多还是更少？这些情境的什么特征可能影响行为？

（3）人员：问题行为发生或不发生与某个特定的人在场时是不是存在较高的一致性？伴随时间和地点，特定人员（家庭成员、工作人员）的出现与否可能会预测行为是否发生。

（4）活动：特定的活动与行为相关，还是与行为的缺失有关？这个信息表明个体需求的类型和个体不喜欢的活动结果。

这些方面中的一个或多个方面可能比其他的方面影响力更强。也就是说，每当特定的活动呈现时，不管是谁在从事活动或者活动发生在哪里，行为均可能出现。然而，尽管会分开询问时间、地点、人员和活动，但是要记住将这些组合起来往往更重要。在一定时段内，在某一特定的地方，当特定的人在周围，参与一个特定的活动时，问题行为就可能发生。

在 C 部分剩下的三个问题（问题5、6和7）是询问具有一定特质的或非常特殊的情境或事件，这些情境或事件对于参与者来说可能非常重要。包括对个体提出特别的要求，将其从一个活动或情境中带到另一个活动或情境中，要求其等待得到渴望的物品或者活动，要求其停止进行特别喜欢的事情等。知情者大概能识别一个他们认为是最可靠的导致问题行为出现的因素（问题6）。当回答这些问题时，请牢记识别出问题行为不可能出现的情境和能够高度预测行为出现的情境同样有价值。本部分的访谈应有助于人们理解问题行为的发生经常具有情境特定性，它们发生在一些情境中而不会发生在另一些情境中。理解问题行为发生或不发生的情境不仅有助于建立支持计划，也有利于避免陷入将个体看作"拥有"困难行为的这一思维中。

4. 识别可能维持不良行为的后果或结果

访谈前面部分集中收集可能预测行为发生与否的个体所在的环境特征的相关信息。行为—环境关系的另一个重要方面是关注行为对个体产生的结果类型——问题行为的功能。我们假设反复发生的任何行为产生了一些有用的功能或者某种类型的强化。

思及此，行为可能提供两种主要功能类型：获得渴望的东西，避免或逃避不想要的东西。通过获得渴望的东西来维持行为属于**正强化**（positive reinforcement）。正强化指的是在偶然出现的一个事件或刺激后立即给予回应，增加未来反应的概率或可能性。通过逃避或避免不想要的东西来维持行为是**负强化**（negative reinforcement）。负强化指的是在反应之后立即消除厌恶刺激，增加未来这一反应的概率和可能性。图 2.1 扩展了问题行为可能功能的组织框架，将功能划分为六类——三个是获得类，三个是避免/逃避类。

根据获得和避免/逃避功能类别，后果可进一步分为是否涉及内部/私人或外部/社会性事件，这需要环境和人员之间的互动。图 2.1 介绍了每个后果类型对应的样例，并贴上了描述性的标签（如正强化：自动，正强化：实物/活动）。

给出的例子表明，相同的结果对于一些人来说是属于获得类的，对于其他的人来说是避免/逃避类，也就是说，一个人想要获得的东西可能是其他人渴望避免或逃避的东西。须谨记的另一个问题是对同一个人来说在不同情境下，一个行为可能有多种功能。例如，尖叫有时可能用于获得关注，在其他时候可能用于避免一个困难的任务。

除了后果的类型，图 2.1 还介绍了界定具体后果的**特定**的重要特征的步骤或者层级。这些问题呈现在图的左边。一旦界定了一个行为或一类行为（1 级），试着确定：维持性后果是获得期望的

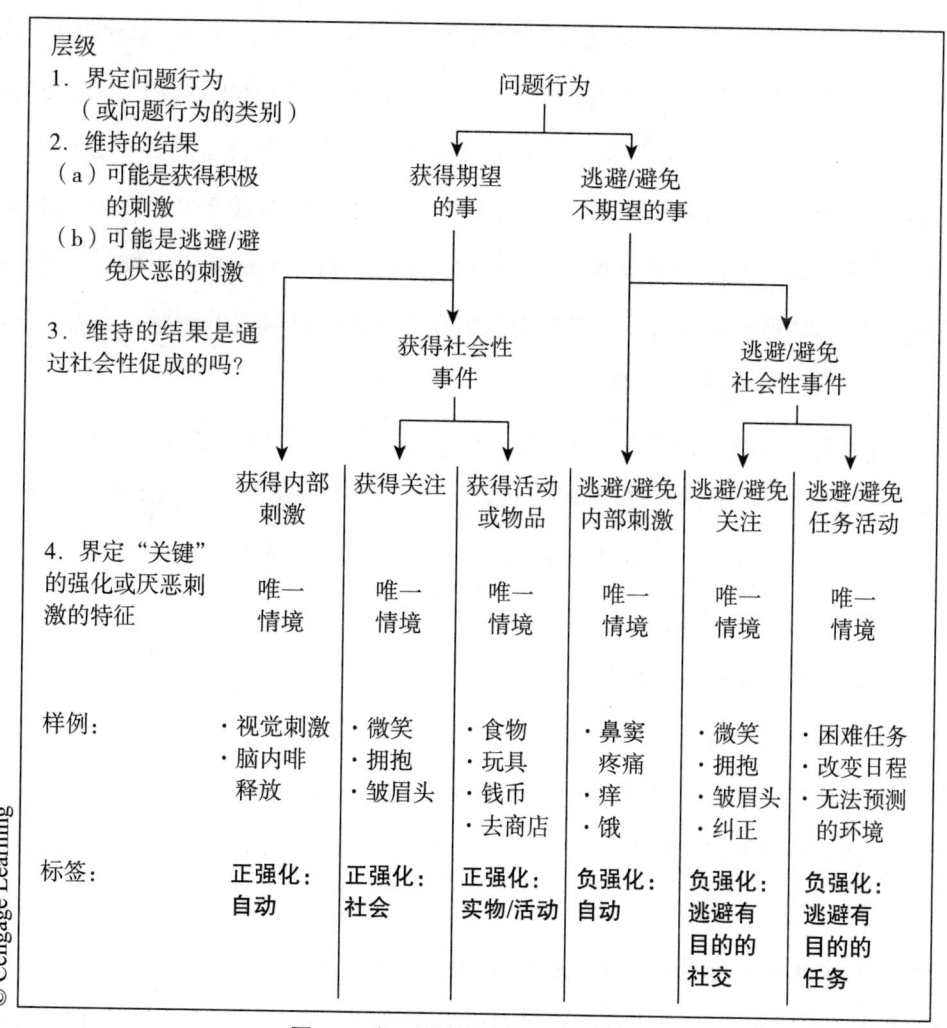

图 2.1　识别维持问题行为的后果

东西或事情，还是避免或者逃避不想要的东西或事情（2级）？相较于外部或社会性事件，维持性后果是否更多涉及内部或私人事件（3级）？对他们更加有吸引力或者不感兴趣的东西或者事情的决定性或**关键性**的特征是什么（4级）？例如，对于一些人来说，如果有一些身体接触类（拥抱、轻拍后背）的社会关注可能更有吸引力。对于另一些人，让他们完成有关精细动作的任务或者活动可能是最厌恶的或者最不期望的，如书写、扣衬衫扣子，或者在工作场所组装小件物品。

在访谈中提出这些问题，有助于捕捉重要信息，用于设计支持和干预策略。访谈表中的问题 D.1 询问当个体从事已界定的问题行为时，关注他/她可能是为了获得什么或者逃避什么。此外，还应该将行为的后果与**不同情境**下行为是如何发生的联系起来。例如，学生可能在教室里或者操场上表现出攻击行为。重要的是确定该生在两种情境下是否都获得或逃避相同的后果。

明确行为的功能在制定支持策略时非常有用，如教授适当的替代行为可以帮助个体获得与问题行为相同的结果或者后果。我们将在本手册的第四章中讨论这些方法以及其他类型的方法。

5. 明确不良行为的效率

您可能与表现出不一致行为模式的人共事。他们有时候在某些情境下（如当他们需要帮助的时候）表现出适当的行为，但是偶尔在相同情境下也会表现出问题行为。该个体显然已经学会了如何表现出适当的和有问题的行为。有时候，她表现出问题行为只是因为它们是达到结果的更**高效**的方式。越**高效**的行为越可能表现出来（不管其他人认为是否合适或者不合适）。这些行为只需要较少的努力，便可以获得更快的和更一致的结果，以及/或迅速产生有效性。例如，对特定的人，尖叫或者撞头比表现出适当的沟通行为（使用口语、手势、沟通板）可能需要更少的努力。尖叫或者撞头还可能更快地引起注意。本部分问题重在强调关于已界定的问题行为需要获得的信息。

6. 个体已经具有的功能性替代行为

一个重要而且非常有用的支持策略包括教授和/或强化个体表现出适当的替代行为。功能评估访谈表 F 部分的问题是询问个体是否已经知道她可以表现出与问题行为具有相同结果或后果的行为。例如，个体可能已经显示出通过说或者手势等适合的方式寻求帮助或在活动中要求休息的能力。获得这个信息有助于决定干预中是要重在教授新的技能还是尝试促进或者强化个体已有的技能。

7. 确定个体与他人沟通的主要方法

在思考适当的替代行为时，对于出现严重问题行为的个体，沟通是需要考虑的一项重要技能。要想支持是有效的，必须理解个体在环境中与其他人沟通重要信息的方式。访谈的 G 部分首先要记录有关个体典型的沟通策略的基本信息。然后提供一个汇总图表，在表中总结个体用来实现一些常见沟通功能的所使用的不同类型的反应。问题 G.3.a 到问题 G.3.d 是询问有关个体接受能力的相关信息。

8. 确定与个体共事或者提供支持时应该做和避免做的事

访谈的第 H 部分调查关于在活动或者学习中对个体**有效**和**无效**的各种方法的一般信息。例如，有些人可能喜欢更快速的指令、更大声和更活泼的交流方式、不断鼓励等，其他人可能喜欢更慢速的指令，与更安静的和不太活泼的人交流。

9. 识别个体喜欢的有强化作用的事物

想要提供成功的支持策略，识别有效的强化物很重要（物品、事件、活动）。在询问有关个体喜欢的东西时，可以从个体自发寻求的事件或活动，以及其他人通常会提供的事物中得知。工作人员和家庭的访谈记录能提供功能性强化物的提示，但是个体自发寻求的事情可能会提供更好的提示。尽管访谈能提供有用的信息，一个全面的支持计划往往要求直接测试个体对于强化物品、活动和事件的偏好。这样的评估一般是在个体面前呈现大量的潜在强化物，包括食品、玩具和物品、影视（音乐、电脑、电视机、电影）、游戏（纸牌、棋盘）、郊游、活动（休闲、消遣、学业、家务、个人护理）。通过这种接触，观察她在强化物上花费的时间或者检查其他的兴趣指标来决定个体最喜欢哪一类和哪一个特定的项目。

识别问题行为当前的功能对于决定和选择强化物也很有用。例如，如果个体一致地表现出困难行为来逃避情境，没有任何要求的自由时间可能是一个强化性后果。如果个体一致地表现出这样的行为是为了获得特定的物品或社会互动和关注，那么这个物品或者社会互动可以作为强有力的强化物用于支持项目。

10. 列举出问题行为的历史演变和曾经尝试使用过的减少或消除它们的治疗计划及其效果

了解其他人已经尝试的干预方法类型以及这些方法的效果可以提供影响行为的重要线索。例如，如果了解到曾经尝试使用过一个隔离项目（time-out① program），但增加了行为的频率，这就可能表明逃避／避免情境或者要求强化了行为。通常情况下，很难获得有关尝试做过什么以及运作效果的清晰和可靠的信息。然而，收集过去所尝试过的信息越多，目前干预尝试越有可能成功。

11. 针对每一个行为的主要功能或后果形成结论性陈述

K部分提供了收集和总结访谈信息形成一个或者多个详细的结论性陈述的空间。这些陈述应以表格形式呈现可检验的假设，将情境事件、立即前提（预测）、问题行为和维持性后果放在一起。还应该针对访谈中界定的每一个主要类别的功能／后果形成个人的结论性陈述。这些结论性陈述对于引导后面的系统直接观察和支持计划的制订很重要。接下来，我们将更详细介绍结论性陈述以及样例。

此外，应该让接受访谈的人（以及参与提供支持的其他人）评估他们对于每一个结论性和假设性陈述的准确性的确定程度。这种确定程度在支持过程中接下来的步骤中是一个重要的考虑因素。支持提供者在高置信水平上的一致性表示推进直接观察来验证假设性陈述已准备充分。低置信水平和／或支持团队成员之间对于结论性陈述缺乏一致性，则表明在过程中需要附加或者备选的步骤。例如，可能需要访谈更多的人，或者通过访谈收集更全面的信息。

---

① 编注：又译为"罚时出局""暂时隔离"。

（五）形成结论性陈述

访谈过程的第五个主要成果是整合访谈信息形成关于问题行为的"结论性陈述"。这些结论性陈述对于推进其他评估活动和最终制订行为支持计划将会很重要。

结论性陈述描述了问题行为发生情境的三个组成部分：（1）问题行为发生的情境——环境事件和立即前提；（2）行为的发生；（3）行为的功能或者该情境下行为产生的强化性结果。结论性陈述整合所收集的有关行为、前提和维持行为的后果信息。在一个行为或一类行为发生的特定情况下，应该试着为有特定功能的每一个行为或一类行为制订结论性陈述。例如，对于个体打头、咬手的自伤行为，可能需要制订两个结论性陈述。其中一个结论性陈述会涉及行为以及在小组教学活动中行为的发生；另一个结论性陈述会涉及乘坐公交车到达和离开学校时行为的发生。采用这种方法时，确保需要处理的问题行为在不同情境下具有不同的功能是很重要的。关键点 2.1 呈现了结论性陈述的几个样例；注意第一个陈述包括上面描述的组成部分（立即前提、问题行为、维持性功能/后果和较远的环境事件）。样例 1、2 和 6 包括影响问题行为的立即预测因素和较远的环境事件。在样例 1 中标记了结论性陈述的要素；请为样例 2 到 6 标记出结论性陈述的要素，以完成自我测验。

关键点 2.1

基于访谈信息的结论性陈述样例

1. 立即前提＿＿＿＿＿＿＿＿＿＿＿＿＿＿＿
"当佩里在教室里的学生群体中获得一点关注时，
问题行为＿＿＿＿＿＿＿＿ 维持性功能＿＿＿＿＿＿＿＿
他有可能会大声辱骂和扔东西来获得同伴的关注。
较远的事件（情境事件）＿＿＿＿＿＿＿＿＿＿＿＿
白天佩里获得关注越少，这个模式越可能＿＿＿＿＿＿＿发生。"

2. "莫妮克在图书馆工作，当在她轮班的一开始要求她补充图书时，她很可能会向就业辅导员扔图书来逃避任务要求。如果前天晚上她睡眠少于 4 小时，这个模式会更可能发生。"

3. "当在电脑室提示杰奎琳结束在电脑上工作时，她可能会躺在地上并尖叫，试图要求继续同意她在电脑上工作。"

4. "在低水平的活动情况或较少关注的家中，乔斯会摇晃，开始咬他的手腕进行自我刺激。"

5. "当要求乔斯自己穿衣服或者做其他不喜欢的自理活动时，他会开始咬自己的手腕，试图逃避任务要求。"

6. "当安德烈亚在完成阅读或者数学作业中遇到困难时，她会低下头，拒绝回答，合上书本，试图避免完成作业。如果安德烈亚在当天早些时候受到老师责备，这种行为模式发生的可能性会增加。"

表 2.1 呈现了访谈者和小学生柯蒂斯的老师们谈话中完成的功能评估访谈表。柯蒂斯 11 岁了，被诊断为中重度智力障碍和多动症。柯蒂斯有癫痫史。他就读于一个普通四年级班级，班上还有 27 名学生。他的普通教育老师获得了来自融合教育专家和兼职助教的支持。仔细阅读访谈，记住 5 个期望获得的成果：

1. 界定行为

2. 界定使得问题行为更可能发生或更不可能发生的潜在的相关生态和情境事件，即诱发个体（set a person up）表现出问题行为的事件

3. 界定预测行为发生和不发生的立即前提，换句话说，那些激发个体（set a person off）问题行为的立即前提

4. 界定行为的潜在功能（维持性后果）

5. 形成结论性陈述

表 2.1 柯蒂斯·杰克逊的功能评估访谈表

功能评估访谈表（FAI）

姓名：柯蒂斯·杰克逊　　　年龄：11　　　性别：(男)　女

访谈日期：2013-5-7　　　访谈者：简·沃尔夫

受访者：亚历克斯·麦克唐奈、莎伦·基弗、约翰·梅休

A. 描述行为

1. 具体描述每一个关注的行为，界定形态（如何表现），频率（每天、每周或者每月发生的次数），持续时间（问题行为发生后持续的时间）和强度（行为发生时的严重性和破坏性）。

行为	形态	频率	持续时间	强度
a. 叫喊	说脏话	5~6次/周	5~10秒	大声
b. 扔东西	向墙扔书/物品	5~6次/周	15~30秒	墙凹陷
c. 掐/抓同伴	抓手/胳膊和掐/抠	4~5次/周	5~10秒	青肿/流血
d. 敲打/拍打桌子	用手掌或拳头打	2~3次/日	5~10秒	容易听到
e. 大声喊叫	重复说教师名字	5~6次/日	5~10秒	容易听到
f. 抓自己的胳膊	重复上下扭动指甲	8~10次/日	5~10秒	会导致流血
g.				
h.				
i.				
j.				

2. 上述行为中哪些行为可能会以某种方式同时发生？是否同一时间发生？发生时是否有先后顺序或"行为链"？发生时是否在相同的情境中？

叫喊和扔东西；敲打/拍打和大声喊叫

B. 界定可以预测或诱发问题行为的生态事件（情境事件）

1. （如果有的话）个体服用的药物是什么？你认为这些药物会如何影响他/她的行为？

   控制癫痫的酰胺咪嗪（500毫克，一日两次）；可能导致口渴度增加要求喝水/饮料，以及手臂皮疹/痒（苯海拉明，每日50毫克；导致嗜睡？）

2. （如果有的话）哪些疾病/身体状况（如哮喘、过敏、皮疹、鼻窦感染、癫痫，或与月经相关的问题）可能影响他/她的行为？

   胳膊上的某些皮肤问题（痒、偶尔的皮疹）；似乎可能导致抓挠胳膊；可能与酰胺咪嗪有关？

3. 描述个体的睡眠模式，在什么情况下睡眠模式可能影响他/她的行为？

   一般情况下睡眠良好（每晚7~8小时）；服用苯海拉明白天会偶尔嗜睡？

4. 描述个体的饮食情况，在什么情况下饮食情况会影响他/她的行为？

   没有持续性的饮食问题；需要监控/减少糖的摄入量（如苏打、糖果、饼干）。

   偶尔拒绝吃早餐，这会导致早上出现更多的问题。

5a. 简短描述个体每日的活动安排（指出个体喜欢的活动和最可能与问题行为有关的活动）。

喜欢	问题		喜欢	问题	
☑	☐	6:00 6:30 起床，洗澡和穿衣	☑	☐	2:00 沟通技能训练
☑	☐	7:00 早餐；7:45 乘车	☑	☐	3:00 乘车回家
☐	☑	8:00 8:15 到校；8:30 上课	☑	☐	4:00 点心，休闲时间
☐	☑	9:00 阅读/语言艺术课	☑	☐	5:00 家务，准备晚饭
☐	☑	10:00 数学技能小组	☑	☐	6:00 与家人一起吃晚饭
☑	☐	11:00 课余时间校内工作（复印室/垃圾分类室）	☑	☐	7:00 房间清洁，休闲时间
☐	☐	12:00 午饭/餐厅/休息	☑	☐	8:00 房间清洁，休闲时间
☐	☑	1:00 体育/卫生技能	☑	☐	9:00 准备睡觉；9:30 睡觉

续表

5b. 个体对于日常活动行程了解多少？涉及接下来要发生什么，什么时候开始，和谁一起，持续多久。

<u>黑板上有课程表；口头提醒</u>

5c. 个体每天有多少机会可以选择他/她的活动和具有强化作用的事？（如食物、衣服、同伴、休闲活动）

<u>不多；每天可以选择课余时间的校内工作</u>

6. 在家庭、学校或工作中，个体周围通常有多少人？（包括工作人员、同学、家人）在比较拥挤和嘈杂的情境中，个体看起来是否烦躁？

<u>班上还有 27 名学生；对于拥挤和嘈杂，他看起来并不烦躁，但是当他忙的时候，需要更加注意</u>

7. 在家庭、学校、工作和其他情境中，个体获得人员支持的情况如何（如 1:1、2:1）？您认为工作人员、培训人员的数量或者他们与个体的社会互动会影响问题行为吗？

<u>教室中的生师比高，但是柯蒂斯受到密切关注，有时候能达到 1:1；当柯蒂斯得到更多的关注时，他会做得更好；3 个工作人员他都喜欢。</u>

C. 界定预测行为可能发生或不可能发生的立即前提事件

1. 时间：在什么时候行为最可能发生和最不可能发生？

最可能：<u>大多数行为最可能发生在早上、午饭、休息和体育课</u>

最不可能：<u>下午体育课后行为最不可能发生</u>

2. 情境：在什么地方行为最可能发生和最不可能发生？

最可能：<u>最可能在教室；在操场和体育馆上体育课时最可能发生掐/抓同伴的行为</u>

最不可能：<u>在社区中</u>

3. 人员：和谁在一起行为最可能发生和最不可能发生？

最可能：所有人员一样；似乎与活动更相关

最不可能：

4. 活动：在什么活动中问题行为最可能出现或最不可能出现？

最可能：阅读（如常用词）；数学（如数物品数量）；在小组教学中大于1:1的生师比关注度；注意力；游戏（休息和体育）

最不可能：课余时间的校内工作；社区出游

5. 除了上述的以外，有无其他特别的或特殊的情境或事件有时会"激发"行为，例如，特别的要求、噪声、灯光、服装？

要求/提示不能扼略膊的时候会感到不安；往往会说脏话来回应

6. 您做一件什么事最可能诱发不良行为？

让柯蒂斯大声读较长的常用词表

7. 简短描述个体的行为在下列情况下如何受到影响。

a. 您要求他/她做一件困难的任务。

更有可能出现叫喊，扔东西

b. 您中断他/她喜欢的活动，例如吃冰淇淋或者看电视。

更好有可能出现拒绝，叫喊

c. 您突然改变他/她的常规或活动安排。

通常不会有问题

续表

d. 他/她得不到想要的东西（如放在架子上的食物）。

可能重复要求得到物品

e. 您不理他/她或者让他/她独处一段时间（如15分钟）。

更有可能大声喊叫，敲打／拍打桌子

D. 确认可能维持问题行为的后果或结果（即在特定情境中它们的功能）。

1. 考虑在A部分所列出的每一种行为，试着确认该行为在不同情境发生时，学生得到的特定后果或结果。

行为	特定情境	他/她获得什么？	他/她避免什么？
a. 叫喊	不喜欢的任务／中断		完成任务／中断
b. 扔东西	不喜欢的任务／中断		完成任务／中断
c. 掐或抓伤同学	想要项目／物品（如，球）	获得物品	
d. 敲／拍打	小组作业（较少关注）	关注（同学和老师）	
e. 大声叫	小组作业（较少关注）	关注（同学和老师）	
f. 抓伤胳膊	许多／所有情境		减轻瘙痒？
g.			
h.			
i.			
j.			

E. 考虑问题行为的整体效率。效率是（A）学生须花多少力气、（B）在得到奖赏之前行为发生的频率或次数，与（C）学生必须等多久才能获得奖赏整合的结果。

	低效率				高效率
叫喊／扔	1	2	③	4	5
掐／抓伤	1	②	3	4	5
敲／拍打／大叫	1	2	3	4	⑤
抓伤手臂	1	2	3	4	⑤
_____	1	2	3	4	5

F. 哪些功能性替代行为是学生已经知道该如何做的？

1. 学生已经可以表现出什么合适的社交行为或技巧，可能与问题行为产生相同的结果或强化物？

会举手；会说像"不喜欢"和"想要"的短语

G. 学生与其他人沟通最基本的方法是什么？

1. 学生通常使用的或适用的表达沟通策略是什么？可能包括语言、手势/姿势、沟通板/书或电子辅具。这些策略使用的一致性如何？

柯蒂斯会使用一个或两个字的短语口头描述很多东西，有时候还会结合手势（试着指向他想要的东西）；然而，他的口语常常令人难以理解。

2. 在下表中指出学生用来达到沟通结果的行为：

沟通功能	复杂的语言（句子）	两个字以上的短语	单词单字	模仿语言	其他的声音	复杂的手势	单个手势	指向	引领	摇头	抓取/伸手	给物品	增加动作	靠近你	走开或离开	凝视	面部表情	攻击	自伤	其他
要求关注			✓		✓															✓
要求帮助														✓	✓					
要求喜欢的食物/物品/活动			✓					✓		✓							✓			
要求休息				✓											✓					✓
展示某物或某地方			✓					✓	✓											
表示身体疼痛（头痛、生病）																				?
表示困扰或不高兴					✓												✓			?
抗议或拒绝某个情境或活动			✓		✓															✓

3. 考虑个体的接受性沟通或者理解他人的能力……
a. 学生能否遵从口头要求或指令？如果可以，大概有多少？（如果只有少数几个，请列出）

<u>大量的一步要求；很少数量的两步要求</u>

b. 学生能否回应他人的手势、肢体要求或指令？如果可以，大概是多少？（如果只有少数几个，请列出）

<u>能顺着指向的手势／提示看过去</u>

c. 当示范各种任务或活动的身体模式时，学生能否模仿？（如果只有少数几个，请列出）

<u>模仿许多身体模式</u>

d. 当询问学生是否想要什么，想去哪里等的时候，学生一般会如何表示"是"或"不是"？

<u>会说"是"或者"不是"，但是否准确并不总是很清晰</u>

H. 在与个体共事或提供支持时，您应该做什么事情？应该避免什么事情？

1. 您做什么事可能会改善学生在课堂或其他活动中的表现？

<u>较慢的速度；大量的鼓励；开玩笑／幽默的态度；积极的口吻</u>

2. 您应该避免什么事可能会干扰或打断学生在课堂或活动中的表现？

<u>较快的速度；训斥的口吻；迅速地重复要求和／或提示</u>

I. 哪些东西是个体喜欢并可以强化他／她的行为的？

1. 食物：<u>甜食（糖果、饼干、冰淇淋、苏打）；薯片／坚果；苹果酱；热狗；薄脆饼干</u>

2. 玩具和物品：<u>太空人物和玩偶；游戏机类的玩具；签字笔／马克笔；拍洋片（pogs）和弹玻璃球；电脑游戏</u>

3. 家中活动：<u>帮助父母做户外杂事；和兄弟姐妹推滑板和马车；和父亲玩传球游戏；看电视</u>

4. 社区活动/郊游：<u>快餐店；小型高尔夫；卡丁车；鸭池；滑雪／划艇；在基督教青年会游泳</u>

5. 其他：<u>看电影（能接受短时间的电影）；乘坐公共汽车</u>

J. 您对于不良行为史了解多少？尝试使用了哪些项目减少或消除它们？这些项目的效果如何？

行为	问题持续的时间	项目	效果
1. 大声叫骂	1～2年	忽视或训斥	效果不佳
2. 扔东西	1～2年	训斥和隔离	有一些减少
3. 掐/抓	6个月	道歉和隔离	效果不佳
4. 敲/拍打	1年	忽视或隔离	有一些减少
5. 大声叫	1年	忽视或训斥；告知等待	有一些减少
6. 抓胳膊	6个月	提示停止；苯海拉明	效果不佳
7.			
8.			
9.			
10.			
11.			
12.			
13.			
14.			
15.			

续表

K. 对每一个主要的预测因素和/或后果建立结论性陈述。

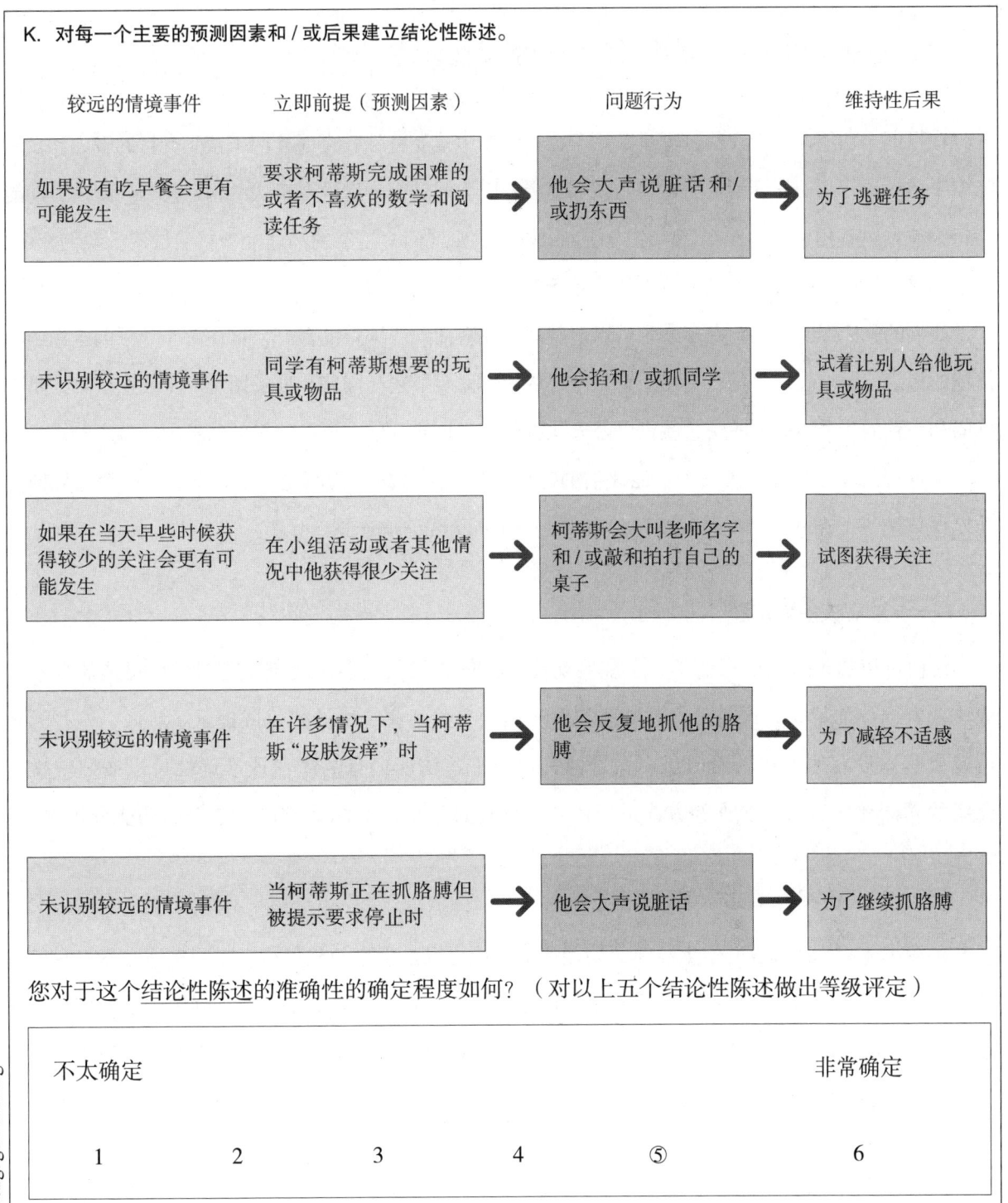

您对于这个结论性陈述的准确性的确定程度如何？（对以上五个结论性陈述做出等级评定）

不太确定					非常确定
1	2	3	4	⑤	6

三、包括个体在内：学生导向的功能评估访谈

在早期，功能性行为评估过程最常用于为在学校中接受特殊教育或社区中接受支持的智力和发展障碍个体设计行为支持计划。通常会访谈知情者，因为问题行为者没有正式的沟通技巧。近来，功能性行为评估过程用于访谈能很好沟通的各类个体，只要他们有足够的沟通能力接受访谈。我们相信，用于形成支持计划的重要信息是可以从**问题行为当事人**身上获得的。

我们的临床经验表明，许多学生可以清楚地陈述对活动或项目的喜好，描述对于分派的工作或者情境的抱怨，要求替代活动，指出让个人分心的事物以及描述与同伴相处的困难。只要这些陈述是准确的和一致的，个体提供的信息就可以补充从教师、父母或其他人那里获得的信息。

根据将问题行为者直接纳入功能评估的过程这样一种方法，我们建立了如下所述的学生导向的功能评估访谈（Student-Directed Functional Assessment Interview）。

（一）谁应该接受访谈？

任何可以提供可靠信息的学生都能为功能评估信息的收集做出贡献。有时学生可能需要家庭成员或者同伴的帮助。这些人可以澄清问题，提供有关某些情境的建议或提示。然而，一些学生可能更喜欢没有他人在场的访谈。在这两种情况下，访谈信息的质量或准确性可以按照前文所介绍的功能评估访谈所要求的方式进行确认，即通过系统的观测数据或者系统的功能分析操作。

（二）谁应该实施学生导向的访谈？

在某些情况下，有效的学生导向的功能评估访谈可以由学生的父母或者教师实施。不过我们初步的经验是当受访的学生对访谈者没有消极印象时，访谈会进展得更快，能得到更实质的信息。通过学生导向的功能评估访谈获得的信息，其准确性和信息量可能受到许多变量影响，我们相信访谈者的选择可能是更为重要的因素之一。

（三）访谈需要持续多久？

学生导向的功能评估访谈需要在20~40分钟内完成。对于一名学生，简短的访谈至关重要，可以避免学生过多时间远离他们日常的学校活动。如果访谈在放学后实施，学生会有更多的时间来提供所需要的信息。使用学生导向的功能评估访谈表应该保持访谈的专注性和效率。

（四）学生导向的访谈的成果是什么？

学生导向的访谈的主要成果与功能评估访谈是一致的：

1. 说明一天中最有问题的时段或者情境
2. 识别预测所关注行为的身体和环境因素
3. 识别行为可能的功能（行为的结果或后果）
4. 形成功能评估结论性陈述
5. 对支持计划组成部分提出建议

（五）学生导向的功能评估访谈表的使用

学生导向的功能评估访谈表是专门为解决学校情境中学生的问题行为而设计的。它分为五个主要部分。请花些时间查看附录 B 中的空白表格。下面，我们来介绍表格的每个部分。

1. 访谈的准备与开始

使用学生导向的功能评估访谈表的准备工作始于家庭、教师以及工作人员的转介（referral），这些人员会鉴别出存在问题行为模式且需要个别化行为干预的学生。在大多数情况下，与学生会面之前，功能评估访谈被用于转介，用以鉴别学生问题行为的模式。有了这些信息，学生导向的功能评估访谈的准备和开始包括以下几个步骤：

（1）确定实施学生导向的功能评估访谈的人员。我们的建议是选择与学生关系融洽的人，在大多数情况下**不能**是与学生频繁消极互动的人。我们的经验是在学校中避免让进行转介的教师实施学生导向的功能评估访谈。

（2）确定访谈地点，选择一个私密的地方，使得访谈过程不被打断。

（3）在开始访谈之前，与学生进行对话，让学生感到舒适与和谐。

（4）告知学生访谈的目的，强调需要坦诚回答。在访谈的过程中，如果强烈地感觉到学生可能提供虚假信息或者不愿意说话，可以平静地结束访谈，或者要求换一个时间再次进行访谈。还可以通过提供从成人那里获得的信息来温和地提醒学生。

2. 界定问题行为

第二部分提供了界定问题行为的机会。应该鼓励学生不仅列出最有问题的行为，还要列出**他认为有问题的所有行为**（"给你带来麻烦的行为"）。尤其当行为的一般范围和类型已知时，可能需要一些简单的提示。学生导向的访谈，只要求列出行为的清单。行为的操作性定义应该留到面向提供支持的成人使用的功能评估访谈中来完成。

3. 识别问题行为发生的情境

第三部分提供了识别问题行为最有可能发生的时间和地点的机会。向学生呈现每日日程表矩阵图（Student Daily Schedule Matrix）（见表2.2），让学生标出或指明所认定的问题行为发生的时段、课程或者活动。此外，让学生在等级1（低困难）到6（高困难）上做标记来评估情境的困难等级（即可能发生问题行为的时间或活动）。评估等级在4级或以上的情境需要有针对性地进行进一步访谈。

4. 形成结论性陈述

该部分要求形成特定的假设陈述，包括每一个困难等级评估在4级或以上的不同情境，或者每一个维持功能的行为。您可以通过询问学生情境事件、预测因素和维持性后果等结构化的问题建立结论性陈述"图"。先询问问题，然后根据学生的回应来完成结论性陈述表。我们发现按照表上的顺序询问问题很有用：首先是问题行为，然后是预测因素，接下来是维持性后果，最后是情境事件。然而，采访者可能改变问题的顺序，如在寻求行为的后果或结果之前，涵盖问题行为之前发生的所有变量（如立即预测因素、生态和情境事件）。下面介绍结论性陈述的每一部分。

界定是什么"诱发"（set up）和"激发"（set off）了行为。除了界定问题行为的一般环境，还应该询问问题行为发生情境各个方面的具体问题。向学生了解"容易诱发行为的重要事件是什么？似乎是什么激发了行为？"您可以标记**事件或者活动**变量，如日程表的预测性或注意力分散，**课程**的变量如任务困难度或有限的选择，**社交**变量如教师要求或同伴戏弄，**情境**变量如疲倦、生病或者饥饿。这些变量往往会引起问题行为。从学生的角度了解这些关系对确定问题行为的前提很有帮助。

这些变量中的某个或者多个变量可能比其他的变量作用更大。例如，当呈现困难任务时，行为可能发生，不管谁在场，也不管它在什么地方呈现。记住，将预测事件进行组合也可能是很重要的。问题行为可能主要发生在一个特定的课程或活动中，有某个特定的教师，或者学生在从事一项特定的任务。

识别维持问题行为的结果或者强化物。早些时候掌握了有关预测问题行为发生的环境变量信息。此处将学习行为是如何对学生"起作用"的。我们假设执行的任何行为都一贯地得到某种期望的结果。有两种主要的结果或功能：**获得**一些期望的东西或者**逃避**不良的东西。能从学生的角度界定行为的功能将有助于制定支持策略，如教授或引导适合的行为以替代问题行为。

表 2.2 完整的学生每日日程表矩阵图实例（来自学生导向的功能评估访谈）

学生每日日程表

如果你对我们之前谈过的行为存在困难的话，请在相应的时间和课时对应的空格里画上"√"，如果某个课时里有很多困难，在靠近 6 的地方画"√"，在课上或者课下很少有困难，在靠近 1 的地方画"√"。在正式开始之前我们先做一些练习。

	上学前	第一节课	课间	第二节课	课间	第三节课	课间	第四节课	课询	第五节课	课间	第六节课	课间	第七节课	课间	第八节课	放学后
科目	—	数学	—	科学	—	阅读	—	体育	—	社会实践	—	购物	—	自习	—	NA	—
任课老师	无	霍纳	无	沃尔夫	无	韦尔奇	无	伊根	无	吉布	无	比克斯	无	米斯卡	无	—	无
高困难 6																	
5						√								√			
4								√		√							
3		√		√													
2			√		√		√		√		√		√		√		
低困难 1	√																

5. 建立图表来描述问题行为情境

在本部分，您应该绘制问题行为情境的框架图，包括相关的情境事件、相关的预测因素、问题行为和维持行为的后果。此外，您应列入期望学生在问题情境中应该表现出的适当行为（如完成分配的工作或者注意听教师的讲解）以及一个或者多个供选择的替代行为，使得学生可以获得与问题行为相同的结果（如举手请求帮助或者关注）。询问学生可能很有用，"在这种情境下，你应该表现出的适当行为是什么？"和"在这种情境下，你可以表现出的适当的替代行为是什么？"图2.2介绍了这类表的样例。注意：我们在第四章将详细讨论"等值性行为模式"（competing behavior model）框架图，涉及制订基于评估信息的程序策略。

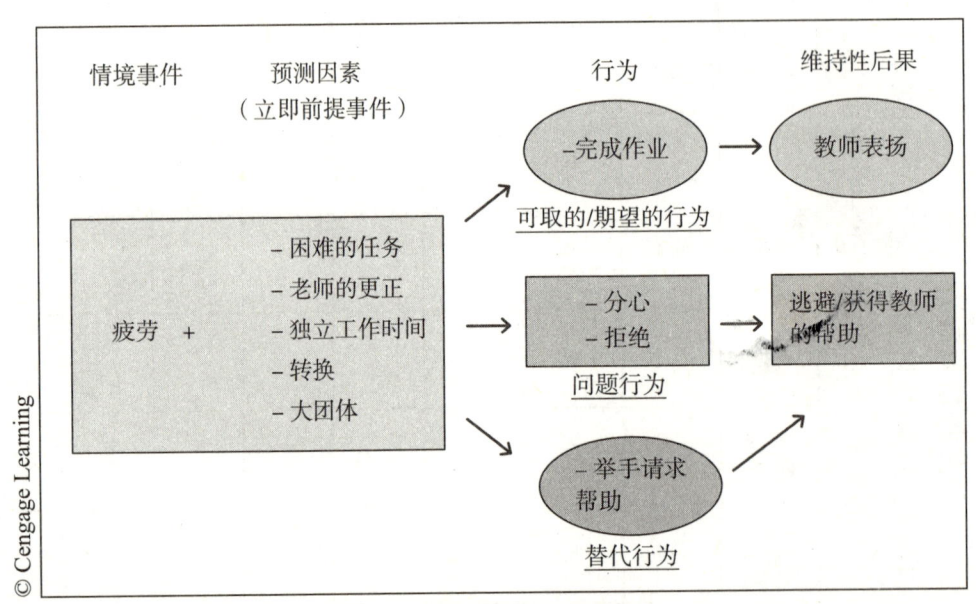

图2.2　问题行为情境框架图

6. 界定支持计划和潜在的替代行为的重要特征

在本部分，您应该简要地列出与不同类别相关的已经确定的策略（见表2.3的样例）。表格填写有助于了解不同的策略是如何从不同的角度发挥作用来防止和/或修复问题情境。访谈还向学生征求关于促进适当行为和减少问题行为发生可能性的改革建议。学生可以在提示下识别**改变情境的方法**（如重新布置学生在教室内的座位、获得更多的时间来完成作业、增加晚上睡眠时间、吃一顿好早餐），**预防问题行为的方法**（较短的任务、从教师那里获得更多的帮助），**增加适当行为或者教授替代行为**（如练习替代行为、对期望行为增加强化），**当问题行为发生时会发生什么**（减少特权、转介至办公室），**期望或替代行为发生时会发生什么**（赞扬或者特殊奖励）。表格中给出了一些可用于提示学生的常用策略。其他的策略由学生的支持团队或者教师在访谈之前添加到表格中。在访谈中，核对学生的建议或者根据需要添加到适当的方框里。

学生可以用沟通反应来替代问题行为，如举手请求帮助，而不是说话、扔或者破坏东西。此

表 2.3 学生导向的功能评估访谈完整样例

学生导向的功能评估访谈

学生姓名：詹姆斯
转介老师：罗德里格斯女士
访谈者：简 S.
日期：1996-2-16

I. 开场白。

"我们今天见面主要是想办法改变学校，让你更喜欢它。这次访谈大约有 30 分钟。如果你如实地回答问题，我可以更好地帮你。我们不会问任何给你带来麻烦的问题。"

帮助学生找出那些在学校或者教室里导致问题行为的具体行为。提出建议或者改述以帮助学生厘清想法。你应该有一个由转介老师提名的行为清单。

II. 界定涉及的行为。 *

"你做过一些给你带来麻烦和问题的事情吗？"（提示：上课迟到？在课堂上说话？未完成工作？打架？）

行为	评论
1. 分心（在教室内四处走看看）	
2. 拒绝（说"不，我不需要"）	
3.	
4.	
5.	

III. 完成学生每日日程表。 使用"学生每日日程表"矩阵图确定学生出现问题行为的时间和课程。访谈的焦点就是关注那些最有可能导致问题行为的时间。

* 你可以使用左边那些数字作为已界定的行为的代码来完成后面的访谈。

学生每日日程表

如果你对我们之前谈过的行为有困难的话，请在相应的空格里画上"√"，如果某个课时里有很多困难，在靠近6的地方画"√"，在课上或者课下很少有困难，在靠近1的地方画"√"。开始前我们先一起练习一些。

	上学前	第一节课	课间	第二节课	课间	第三节课	课间	第四节课	课间	第五节课	课间	第六节课	课间	第七节课	课间	第八节课	放学后
科目	—	阅读	—	数学	—	科学	—	体育	—	社会实践	—	音乐课	—	自习	—	特别教学	—
任课老师	无	霍尔	无	琼斯	无	艾利奥特	无	本迪克斯	无	史密斯	无	贝斯特	无	奥坎	无	马修	无
高困难 6				√													
5		√															
4							√	√								√	
3			√		√							√	√	√	√		
2						√				√							
低困难 1	√																√

续表

结论性陈述表

活动或事件	之前发生了什么	行为	之后发生了什么
当詹姆斯疲倦或是注意力不集中时	老师呈现了 - 困难的任务或是 - 需要独立完成的冗长的任务 ②	詹姆斯 拒绝完成任务或者分心 ①	为了避免完成任务，并得到老师的关注和帮助 ③

按照序号完成框架图（先行为，后预测因素，等等）。将下列项目作为可能的因素纳人框架人框架图中。为每一个新后果完成一个不同的框架图。

趋向诱发行为的重要的事件或活动是什么？

- 缺少睡眠 ✓
- 生病 ____
- 身体疼痛 ____
- 饥饿 ____
- 家中烦恼 ____
- 与同学打架/冲突 ✓
- 噪声/干扰 ✓ 座位安排 ____
- 活动/班级 ✓

看起来激发问题行为的是什么？

班级要求：
- 太难 ✓
- 无聊 ____
- 不清楚 ____
- 冗长 ✓

老师的训斥 ____
同伴的戏弄 ____
同伴的鼓励 ____
其他 ✓ 老师更正错误

问题行为看起来像什么？

- 上课迟到 ____
- 在课堂上说话 ____
- 破坏 ____
- 不恰当的语言 ✓
- 无礼的行为 ____
- 财产破坏 ____
- 携带武器 ____
- 频躁不安 ____
- 未完成作业 ____
- 偷窃 ____
- 威胁 ____
- 故意破坏 ____
- 其他 ✓ 四处走走看看

你从问题行为中收获了什么？

逃避或避免
- 老师需求 ✓
- 老师训斥 ____
- 老师更正 ____
- 同伴更正 ____
- 与同伴的社交（戏弄）✓
- 任务（困难，冗长）✓

获得关注
- 来自同伴 ____
- 来自老师/成年人 ✓

获得活动或物品
- 进行游戏 ____
- 获得玩具 ____
- 获得食物 ____
- 获得钱 ____
- 获得任务 ____

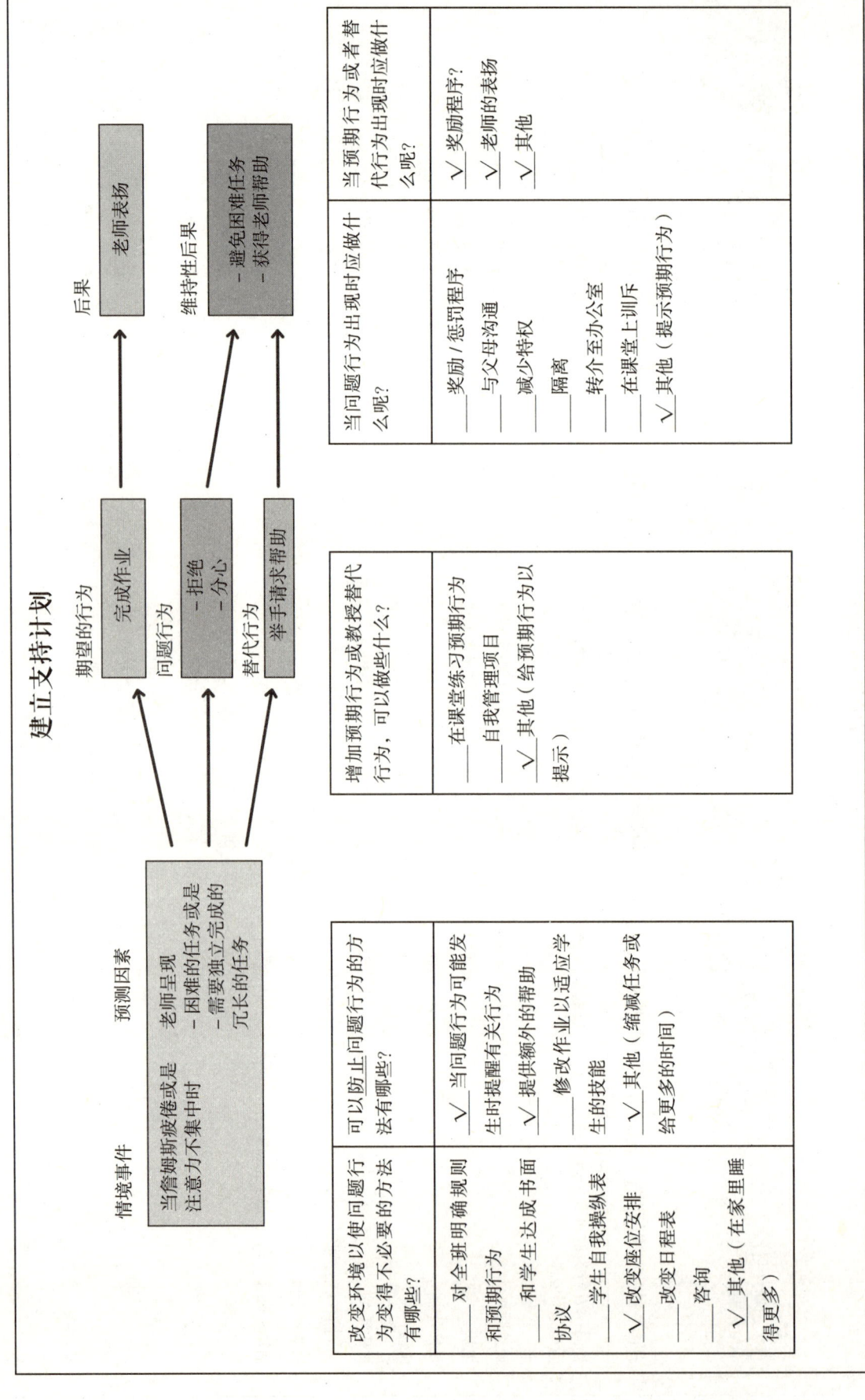

外，学生可能有其他的行为可以替代问题行为。例如，如果学生发出大的噪声是为了获得同伴的关注，那么可以教她等到作业完成，再与同伴互动。

表 2.3 呈现了由中学教师和一名叫詹姆斯的学生一起完成的学生导向的功能评估访谈。阅读访谈表，记住前面介绍的主要结果。

（六）学生导向的功能评估访谈的验证

访谈结束后，你会得到大量的学生信息和支持建议。收集和总结访谈数据后，你需要对比从相关的成人和学生那里得到的信息。你可能会发现不同的受访者对于环境、行为功能或者支持计划建议等所有细节都很难达成一致。如果有较大的分歧，直接观察数据的收集可以帮助解决困惑。我们建议不管成人与学生之间一致性如何，应通过观察数据验证访谈信息。不管实施什么类型的访谈，这个时候必须决定是否需要继续进行下一阶段的信息收集：系统的直接观察和可能的系统操作。这个决定取决于你对于访谈过程的构思。我们发现复杂的问题行为需要直接的观察来验证初步的结论性陈述。没有什么能替代实际看到事情发生。由于这个原因，我们认为访谈信息应该由系统的直接观察的数据进行补充（记住关键点 1.1 中的成果 6）。下面介绍了我们已发现的有效和高效实施观察的表格和程序。

四、直接观察

直接观察是功能性行为评估过程的重要组成部分。这个过程的最终认定成果是收集足够的直接观察数据来验证和澄清关于预测和维持问题行为的结论性陈述。在一些情境中，当访谈不能提供清晰的和有用的信息时，直接观察数据可以作为结论性陈述或假设的基础，以指导支持计划的制订。

直接观察程序应该提供清晰和有用的结构化信息，同时不会给负责收集数据的人过重的负担。为了实现这个平衡，我们的策略是使用功能评估访谈的结果来指导直接观察的过程。在本部分，我们介绍了功能评估观察表及其使用的程序。

（一）保持简单

你可能熟悉一个或多个收集不良行为发生数据的不同方式，如逸事或者书面描述、事件报告、频率统计、部分或整体时段记录、片段时间抽样、散点图和 / 或前提 – 行为 – 后果（A–B–C）记录表。尽管这些方法很有用，但是它们在使用和总结上也较困难。这里介绍的 FAOF 及其使用程序是围绕一个明确的事件记录过程，只有当涉及的目标行为发生时，才在记录表上简短记录。结构化设计的观察表，可以使你不需要像书写逸事描述那样长时间书写或总结，最大化地获得综合信息。观察表还允许监控较长时段内的行为模式。

(二)观察的时间和地点

使用 FAOF 收集数据可以跨越不同情境,每天观察的次数尽可能多。将访谈表复印多份,以便跨越多个情境分别使用(一份用于学校,一份用于家庭,一份用于工作场所),或者一份观察表也可以跨越情境记录一个人。当观察表在一个特定情境中使用时,要收集个体在该情境中的所有时间的数据。一天中尽可能多地在不同情境和不同时段中收集数据,这很重要。使用这样广泛的数据库有助于确定问题行为**发生**或**不发生**的地点和时间。

FAOF 是为监测那些中低频率的行为(每天少于 20 次)而设计的。对于这样的行为,观察和数据的记录可以在行为持续的时间段内完成,不会干扰支持提供者正在进行的工作。当问题行为或行为事件发生频率较高时,使用的观察表需要进行修改。在一天中每个事件发生后都进行记录,这会给承担数据收集工作的支持人员带来过重负担,相较于此,应该使用时间抽样的方法。数据可以只在特定的、较短的时间内记录,如每一个小时内每隔 15 分钟记录一次。如果可以,增加一个支持者,可以在抽取的时间样本内观察和记录数据。对于高频率的行为,在相对较短的时间段内也可能会有充足的机会观察目标行为。这些时间样本可以延伸到整天,可以跨越不同的情境,从而提供清晰的行为模式图。行为支持入门教材中,提供了如何观察更频繁的问题行为的具体例子(如 Alberto &Troutman, 2013; Storey & Post, 2012)。

(三)观察者

观察数据应由与问题行为个体直接接触的人来收集,如教师、居住和工作场所中的支持提供者以及父母和家庭成员。如果几个人记录数据,确保每个人都熟悉数据收集的指南和程序。一些初始培训和为解决纷争临时的持续支持是很有必要的,可以让人们更能自如地使用 FAOF 收集数据。为了避免情境中出现多个支持者的问题和困惑,可指定一个人负责在特定时间段(学校期间、一天、一个星期)内将信息记录在表格上。学校、工作场所和家庭中的人员一般通过接受 45 分钟的培训课程,便可以准确地收集 FAOF 数据。

(四)收集直接观察数据应持续的时间

理想的情况下,观察数据应该一直收集,直到行为与环境情况和事件之间的关系显现出清晰的模式,以及行为潜在功能的陈述已经得到证实或者证明不成立。一般来说,做到这一点至少需要目标行为出现 15~25 次。我们建议收集的天数至少 2~5 天;然而,行为发生的频率影响收集观察数据所必需的时间长度。超过了最初的 2~5 天时间,是否还需要收集数据取决于观测到的行为—环境之间关系的一致性和清晰度。

在考虑收集直接观察数据要持续多久时,很重要的一点是要认识到行为与环境条件会随着时间发生变化。功能性行为评估不是一个一蹴而就的过程。它可能在行为支持过程中都有用,包括周期的乃至持续的直接观察功能评估数据收集过程。我们了解到,许多情况下 FAOF 或改编后的表格已经用作某个情境中定期的持续数据收集表和程序。

(五)功能评估观察表的作用

FAOF 记载了与问题行为实例有关的预测事件和后果。观察表是围绕**问题行为事件**构成的。**事件**不同于单一发生的问题行为。事件包括在突发事件中的所有行为,从问题行为开始,直到问题行为结束 3 分钟后。这样的话,一个问题行为事件可能是一个单一的、短暂尖叫的事件;可以是持续了 5 分钟,伴随不断尖叫的事件;或者是一个持续 10 分钟,涉及几个问题行为,每个行为多次出现的事件。计算事件的数量比试图准确计算问题行为的频率(如打头)或者持续时间(如尖叫)更容易、更准确和更丰富。

FAOF 可以显示以下信息:

- 问题行为事件的数量
- 一起发生的问题行为
- 问题行为事件最可能发生和最不可能发生的时间
- 预测问题行为事件的事件
- 对问题行为维持功能的理解
- 问题行为事件后的真正后果

整合这些信息对于验证和澄清结论性陈述很有用。在大多数情况下,我们发现 FAOF 能提供足够的信息,让我们有信心进入行为支持计划的制订阶段。

(六)功能评估观察表的内容

FAOF 有 8 个主要组成部分(见表 2.4)。在附录 C 中有空表。下面介绍各个部分。

1. A 部分:对象/日期

A 部分呈现观察的对象和数据收集的日期。注意:一张表可以使用多天。

2. B 部分:时间间隔

B 部分分成了好多格块,可以用来指定特定的时间间隔(一小时、半小时、15 分钟)以及活动或常规的顺序或安排。在这里列出观察的时间、情境和活动。这些可以根据个体的日程表安排多种方式。对于学校的学生,可以列出上课时间和内容(如上午 8:30~9:00,早点名教室;上午 9:05~9:50,语言艺术;上午 9:55~10:40,计算机;上午 11:45~下午 12:30,午餐;下午 1:25~3:00,工作训练)。对于缺乏

表 2.4 功能评估观察表

功能评估观察表

姓名：

开始日期：　　　结束日期：

	行为							预测因素							获得/获取			逃避/避免			实际后果	
时间																						备注（当无法写入"实际后果"时可作替代）

事件：

日期：

合计

结构化的家庭情境中的成人，可以简单地列出时间段或者时间段加上常规活动（如下午 3:00~4:00，休闲活动；下午 4:00~5:00，个人护理；下午 5:00~6:00，准备晚餐和吃饭）。根据个体特有的行为模式或者日程表，您可能想要使用表内不等时间间隔的格块，如在繁忙的早上常规中 15 分钟的间隔和在问题行为不频繁发生的晚上使用 2 小时的间隔。如果目标行为在特定时间段或活动中频繁发生，可以用多个格块来记录那个时段的数据。在表格的底部一行用来汇总行为事件或事故的频率。

3. C 部分：行为

C 部分列出在观察中监控已经界定的个体行为。这些目标行为应该在对相关人员访谈时便确定。您还可以决定列出较重要或感兴趣的**积极**行为或尝试，如适当的沟通反应。观察表可以灵活地监测行为。例如，在低强度和高强度表中某个特定的行为（戳眼或攻击行为）都有发生，您可以在每一个表中将其作为一个单独的行为列出，以便确认它们在发生模式上的差异或相似之处。当几个行为经常组合在一起发生时，您可以将它们都用一个单独的行为符号来进行监控（如躺倒在地板上、尖叫、踢脚和用手臂敲打地板可能都被记录在"发脾气"里）。但是，在对一组行为进行编码时要格外谨慎。FAOF 有助于确认倾向于一起发生的个体行为和往往不会一起发生的个体行为。最初所认为的某些行为总是一起发生，但是直接观察数据并不总是支持此结果。

4. D 部分：预测因素

D 部分列出访谈中界定为问题行为发生的潜在预测因素（立即前提和情境事件）的重要事件或刺激（参看本章前几部分 FAI 的介绍和一般情境事件与特定前提刺激的界定）。这些事件通常就在问题行为发生之前或者与问题行为同时发生。FAOF 已经列出了几个潜在的预测因素，这些潜在预测因素来源于有关问题行为发生的研究文献以及我们的临床经验。这些因素是要求/请求，困难任务，转换（从一个地方到另一个地方，或者从一个活动到另一个活动），中断和独处（没有关注）。表中针对被观察对象的特殊性提供了空格供列出其他的潜在的预测因素，可能包括不同支持人员的名字，特定的活动或任务，环境，如噪声、日程表变动或困惑的状况，特定的同学、室友或同事在场。当个体的记录数据不能确定特定的情境事件或者前提刺激与问题行为的发生有关时，您还可以使用"不知道"或者"不清楚"来标注这一列。

5. E 部分：感觉到的功能

在 FAI 的 D 部分和图 2.1 的论述中，我们介绍了功能性行为评估是依据维持问题行为的后果来识别问题行为功能的过程。在 FAOF 的 E 部分中，我们要求观察者在事件发生时对行为的明显功能进行"最佳猜测"。换句话说，要注意您认为她为什么这样做。本部分包括两个主要方面：获得期望的东西和逃避/避免不期望的东西。观察表上会根据访谈过程中收集的信息来指定这些特定的"东西"。然而，正如 D 部分所示，表中列出了个体通过问题行为获得或者逃避的一些结果。这些结果包括获得关注、特定的物品或活动（您可以列出具体的物品或活动）以及自我刺激；逃避或避免要求/请求、特定的活动

（列出一个活动或活动列表）或者人。"不知道"一列中呈现观察者对于所观察行为功能不确定的情况。

对于很多观察者来说，关注行为的特定结果并判断其功能可能是新的思路。人们往往更习惯将问题行为的发生归因于个体的"个性特质"或障碍标签（如"她喜欢伤人因为她是有意的"；"他那样做是因为他生气"；"他那样做是因为他有孤独症"）。由于这种倾向，一些观察者可能需要重复的解释以及更多的帮助来理解本部分的重要目的。我们认为更尊重人的尊严的做法是假设问题行为存在功能性的原因，而不是认为这种行为的发生是因为一些个人的特性或者特点。当在教导他人或自己学习识别问题行为的潜在功能时，回顾本章中图 2.1 可能很有用。

6. F 部分：实际后果

在 F 部分，您将记录有关问题行为真正后果的数据，如告知个体"不可以"，将其安置在隔离区域，对其进行忽视，对其进行指导。这里列出的实际后果可以从访谈或现有的行为计划中确定。这个信息会给您一些关于将要给予的某些后果一致性的想法。它还提供了有关问题行为潜在功能更多的线索。例如，如果对于似乎是以逃避为动机的问题行为实施隔离程序，将学生放在隔离区域会强化该行为。一份 FAOF 显示在实施隔离程序后问题行为事件继续或频率增加，将确认问题行为的功能是逃避的这一结论性假设。

7. G 部分：评论

观察者可以在此列对应的格块中写一些关于行为发生的简短注释。对于没有观察到目标行为的时间段，我们建议观察者在此列对应的格块中写上自己的名字。这种做法可以表明，观察者已经进行了观察，但没有观察到问题行为。正如我们前面提到的，知道什么时候，在什么情况下问题**没有发生**非常有益。

8. H 部分：记录事件和日期

在 H 部分有数字的一行表格旨在帮助观察者跟踪问题行为事件发生的数量和观察这些事件的

关键点 2.2

建立用于收集信息的功能评估观察表的步骤

1. 填写基本的识别信息和观察的日期。
2. 在表的左边列出时间间隔和情境/活动。
3. 列出要监控的行为。
4. 在预测部分列出潜在相关的情境事件和立即前提事件。
5. 若需要的话，在感觉到的功能部分列出行为的任何其他可能的功能。
6. 当行为发生时，列出通常给予的实际后果。

日期。数字作为标记用来显示每个事件包含一个或者多个问题行为。行为事件或事故发生的第一次，数据记录员应该在表上适当的格子里做标记，用数字 1 来识别行为的第一个记录的事件。H 部分事件行的数字 1 要划掉。问题行为再次发生时，使用本行中的下一个数字记录在表格相关的框中（2 表示第二个事件或事故，3 表示第三个，等等）。每次使用一个数字，就要划掉。当某一天记录结束时，在最后使用的数字后面画一条线，在日期行记录这些事件发生的当天的日期。第二天收集数据时，当天的第一个事件使用事件行中下一个未使用的数字（如果前一天有 5 个事件，就要使用数字 6），然后继续使用后面的数字（7、8、9、10）。以这种方式记录目标行为的每个事故或事件，您可以将特定的预测因素、功能和行为的后果联系起来（特定事件的所有因素都用相同的数字编码）。当使用相同的数据表很多天后，日期行的符号可以帮助您看到事件发生在哪一天。这些信息可以帮助您寻找跨时间的模式，试着验证人们所说的个体的行为方式在某一天很不同（如"她的行为在周一总是最坏"）。关键点 2.2 总结了使用 FAOF 收集数据的步骤。表 2.5 是一张已经填好的 FAOF，里面有行为、预测因素、感觉到的功能和实际的后果等信息。

通过快速地分析和解释完整的 FAOF（表 2.5）中的数据，可以揭示一些重要的信息。通过对乔两天的观察（3/16~3/17），其间总共对 17 个问题行为事件进行了编码（见表格的底部事件行）。发现了三个问题行为：打别人，往桌子上吐口水和尖叫。增加了三个需要监控的预测因素，分别是乔的三个教室助教玛莎、比尔和约翰。对于乔来说，实际后果是阻止、指导或者忽视问题行为。时间一列显示可以收集数据的学校时段。

观察数据显示了问题行为发生的清晰模式。查看第一个涉及问题行为的事件，它被编码为数字 1。第一个事件包括打别人和尖叫两个行为（在两列中都标注 1）。它发生在阅读期间对乔提出要求 / 请求的时候（1 所在的行是 8:50~9:35）。玛莎正在辅助乔（在此时间段内可以看见玛莎的下面有 1），她实施了拒绝 / 指导的程序（在此时间段可以看见在拒绝 / 指导下面有 1）。感觉到的行为功能是逃避要求 / 请求（在那一列记下数字 1）。

在寻找行为的整体模式时，我们发现打别人（两天中发生了 12 次）和尖叫（发生了 9 次）频繁地一起发生，但并不总是如此（见行为事件 3、4 和 5）。这一发现表明这两个行为可能属于相同反应类，有着相同的功能。感觉到的这两个行为功能是逃避要求 / 请求。注意，尖叫只独立发生了一次，是在 3/17 的科学课上（见事件编码 16）。预测因素是困难的任务，感受到的行为功能是逃避任务。对这个特别的尖叫事件实施了忽略。对其他的打人和尖叫事件使用了阻止和指导。观察到 4 次往桌子上吐口水的行为事件，感觉到的行为功能是获得关注。预测因素为乔在独立工作（没有关注）。评论一列提供了事件 2、10 和 14 的更多信息。尽管感觉到了行为的功能，但是学校工作人员对其吐口水的行为仍进行忽视，至少在观察期是如此。

表 2.5 乔的观察表

（七）功能评估观察表的使用

功能评估观察表用于收集直接观察的数据，可以在一张数据收集表上评估前提、行为、环境因素和后果。它结合了 ABC 记录表格和散点图数据收集表的特征。该表在分析行为模式和决定问题行为的功能时会更容易些。

1. 记录

FAOF 的基本使用方法简单易懂。记录是由事件驱动的，当包含问题行为在内的问题行为事件或事故发生时，才进行记录。当问题行为发生于一定时间间隔时，在 H 部分选择适当的数字（对于第一个事件或者场景选 1，第二个填写 2，第三个填写 3 等）填写在行为部分一个或多个适当的格块中。然后，在同一行其他部分的适当格块中填写相同的数字，因此，当问题行为发生时，可以记录预测因素（情境事件和立即前提）、感觉到的行为的功能以及问题行为发生后真正的后果。最后，划掉 H 部分已经用过的数字，便可以轻松地看到下一个事件发生时要用哪个数字。如果需要评论，在相应的评论框中写下来。同时，为了促进后续的观察，观察者会在观察期结束时在评论框中写下自己的名字，尤其是在没有其他方法可以识别在观察期是谁在观察的时候。表 2.5 中的实例说明了一些问题行为事件的记录方法。

当问题行为相对较少发生时，可以将每次行为都做记录。在这种情况下，从表格中可以获得行为发生的实际频率。然而，有些问题行为以高频率爆发的形式出现（如快速连续地出现多次打头或打脸行为）或者一个或多个问题行为以片段的形式多次出现（如发怒 5 分钟，包括躺倒在地、踢脚、尖叫、打自己好几下、企图要咬）。在这种情况下，观察者应该将整个爆发或片段作为一个事件在表上用单一的条目进行编码记录（也就是，用一个数字表示整个事件）。使用这种方法，可以确定事件的频率，但是并不是每一个问题行为的实际频率。

最后，对于高频率发生的行为，可以将该表用于通过时间取样的方法抽取出的简短时段中，在这个时段里只记录少数几个甚至一个事件或经历。这种方法大大减少了与数据收集相关的要求，但也可能造成信息的遗漏。采用这种方法的前提是，高频率行为经常发生，以至于即使不能记录所有的事件，也能显现出清晰的行为模式。

不管使用哪种记录方法，支持人员和观察者在把注意力转移到观察表上进行记录之前，应该确保满足问题行为者的健康、安全和支持的需要。**数据收集不能妨碍提供所需要的支持和干预**。然而，负责收集数据的人员应该在问题行为发生之后尽快地记录数据，确保信息的准确性，防范信息的丢失。FAOF 的复印本在用于数据收集时，应该放在一个方便的、可以随时记录观察数据的地方，如贴在带有夹子的笔记板或者放在教师桌子上的文件中。

关键点 2.3

功能评估观察表记录数据的基本步骤

1. 如果问题行为发生在记录区间：

   a. 记录者将未使用的数字（从 H 部分下面列表中选择）填写在行为部分一个或几个适当的格块中。

   b. 记录者在适当的格块中使用相同的数字标记预测因素、感觉到的行为功能和实际后果。

   c. 记录者在表格底部列表中将刚使用的数字划掉。

   d. 记录者在评论列中填写任何想到的注释。

   e. 在观察时间段结束时，记录者要在评论框中填写自己的名字。

2. 如果在记录区间中问题行为没有发生：

   a. 记录者在对应区间的评论框中填写自己的名字以及任何想到的注释。

如前所述，知道问题行为不会发生的地点和事件非常有用。如果在一个时间段没有问题行为发生，我们建议观察者将自己的名字写在评论一列适当的方框中以表明在这个时间段进行了观察。这样就避免了在某个时间段缺乏数据是没有问题行为发生，还是在那个时间段没有人观察的困扰。让观察者填写自己的名字还可以方便知道在一个给定的时期是谁在进行观察，以便于追踪那段时期发生了什么事。关键点 2.3 总结了记录过程的基本步骤。

2. 入门培训

在独立使用 FAOF 之前必须接受培训。培训应该包括观察表的不同部分的介绍，如何使用它们，以及在真正的观察开始之前要提供记录实践。在接下来的部分我们提供了一个实践练习。培训还应该包括观察和记录过程中会用到的统筹安排方面的特定信息。这包括在表上填写实际的时间间隔，确定人员记录数据责任，说明表格应该放置和存储的地方，确定观察的计划日程表。一旦实际观察已经开始，监督或监控的人员应该与观察者讨论出现的任何问题或难题。在实际记录一天或两天后通常需要修改观察表或程序。例如，关于行为、预测因素或者实际后果，可能出现曾在访谈和表格设置过程中忽视的内容，那么就需要将它们添加到表中。为了实现记录的一致性，行为或预测因素（困难任务、转换）可能需要做出更明确的界定。程序（如表格保存在哪里）可能需要修改。

（八）观察表的制作、观察和记录实践

本部分提供了如下内容：表现出问题行为的个体（尤兰达·马丁）的描述性信息、从为制作 FAOF 所进行的访谈中获得的一些信息，和一系列行为事件的描述。在实践中，您的任务首先是制作一个表 2.6 FAOF 的空表，填写相关的信息（姓名、日期、行为、预测因素、实际后果等）。然后阅读每一个行为事件的描述，在表格上使用适当的数字，在适当的框中做标记，记录它们的发生。

1. **基本信息**

尤兰达·马丁，今年 8 岁。目前，她就读于普通学校的三年级，根据州和学区的指导方针，鉴定其有行为障碍。她可以进行一些本年级水平的阅读和语言活动，但是数学和其他学科表现较差。她愿意与班上的大多数同学沟通，至少是简短的沟通，但是班上有两名或三名同学会"激发"她的问题行为。最近几个月，尤兰达表现出更具破坏性的行为，包括口头拒绝要求其做的事情、作业时间干扰同伴、大声喊叫、破坏作业材料、试图打或踢老师以及其他同学，这些行为引起尤兰达的父母和教师们的极大关注。

将对尤兰达学校生活进行三天观察（1 月 30 日到 2 月 1 日）。她一般的日程表内容如下：

8:15~8:45	开始 / 准备和默读时间
8:45~9:45	阅读 / 语言艺术小组
9:45~10:45	科学 / 社会学习（全班学生 / 小组）
10:45~11:45	数学时间（小组，独立作业）
11:45~12:30	午餐和休息
12:30~1:30	故事阅读小组
1:30~2:30	独立课堂作业时间
2:30~3:15	艺术项目

基于功能评估访谈的结果，尤兰达的主要问题行为包括大声喊叫、破坏材料、打和 / 或踢教师和同伴。一些重要的特别的预测因素包括接近"问题同伴"和参与数学小组。实际后果应该是对她的行为进行口头指导以及将其送到角落。**此时，您应该完成基本的确认信息，开始准备完成表格的其他部分。**

2. **行为事件**

以下描述包括一天中行为事件发生的时间，可观察到的行为，可观察到的预测因素，教师所认为的行为发生的原因以及已实施的实际后果。阅读每一个简介，然后将其记录在表上相关的格块中。

1 月 30 日

事件 1. 上午 8:34 尤兰达大声喊叫。没有人和她说话或者和她共事。功能是获得关注。口头指导其回到活动。

事件 2. 上午 9:50 踢同伴的腿。社会学习小组。没有清晰的功能 / 不知道。送到角落。

事件 3. 上午 11:15 撕破书和拍打教师的胳膊。数学小组，逃避任务。口头指导。

事件 4. 下午 2:11 大声喊叫。课堂作业时间。获得关注。忽视。

1 月 31 日

事件 5. 上午 8:40 大声喊叫以及打同伴。没有人与她一起说话 / 共事。获得关注。口头指导和送到角落。

事件 6. 上午 10:48 大声喊叫以及将书都推到地上。数学练习时间。逃避任务。口头指导。

表 2.6 观察表（空表）

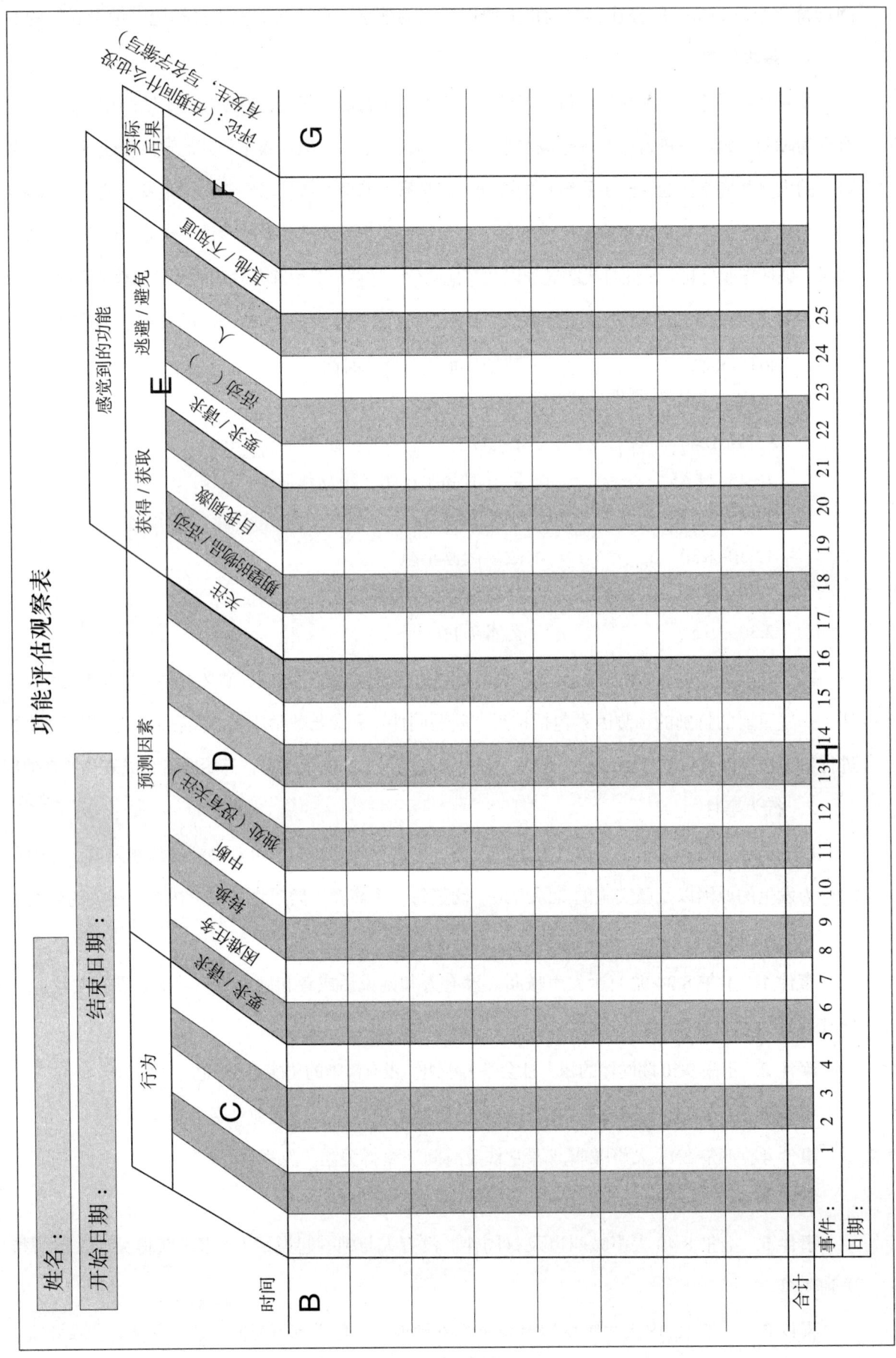

事件 7. 下午 12:45 踩教师的脚。故事阅读小组。获得关注。口头指导。

事件 8. 下午 1:42 大声喊叫。课堂作业时间。获得关注。口头指导。

2月1日

事件 9. 上午 11:40 撕掉练习题。数学小组。逃避任务。口头指导。

事件 10. 下午 12:15 打同伴。独自玩耍。获得关注。口头指导。

一旦完成练习（也只能在这一步之后），您就可以比较您的数据和附录 D 表上的结果。如果样表和您完成的表之间有较大的差异，您可以重新阅读这些事件简介，比较您的回答与附录 D 中的样表，试着找出并纠正自己的错误。

（九）功能评估观察表数据解释

在第一章中提到功能性行为评估的第六个成果是收集**直接观察数据**以支持已形成的结论性陈述（见关键点 1.1）。收集直接观察数据的主要目的是证实或驳斥基于访谈中收集的信息形成的结论性假设。一旦使用功能评估观察表收集直接观察数据，说明您已经准备好解释这些数据了。

1. 描述行为

关于数据最开始的问题是探索发现发生了**哪些**行为以及这些问题行为之间是否存在任何一致的关系或模式。观察数据可以表明发生了哪些已鉴别出的行为及其频率。例如，尤兰达的数据显示在三天中，她大声喊叫了 6 次，破坏材料 3 次，攻击教师和同伴总共 5 次。这些数据还能揭示行为之间的重要关系。我们的经验表明个体很少只表现出一种类型的问题行为。他们通常更多地表现出不同类型的问题行为，如自伤和攻击；或者他们可能表现出一种特别类型的行为的不同形式，如自伤类的敲击头部和咬手。某些行为可能被分到一类（如上面访谈部分所讨论的）。这些行为通常按照某种类型的序列一起发生。个体可能总是先大声喊叫，然后扔东西，或者先摇晃，然后开始咬手。这样的一类行为可能与类似的预测事件有关，可能对个体来说有着相似的功能。例如，尤兰达的数据表明，当尤兰达试图获得关注或逃避不喜欢的任务和活动时，大声喊叫和破坏材料、大声喊叫和攻击有时候会同时发生。

2. 预测行为

观察性的数据应该提供关于情境各方面和事件的信息，这些情境和事件可以一致性地预测行为发生和不发生。第一个要考虑的主要方面应是时间段和相关的活动。您可以审视数据以确定在特定的时段和活动中，是否看到有关行为的发生频率或高或低的模式。数据还应该提供与行为持续相关的更为特定的事件或前提。这些可能包括表单上包含的"标准"事件（如要求/请求）和基于访谈额外增加的事件（如为尤兰达添加的"问题同伴"）。

此外，尤兰达的数据提供了一个例子。在获得较少关注的课堂作业时间和其他活动与大声喊叫行为持续性相关。要求其完成明显不喜欢的数学任务与破坏材料及攻击行为持续相关。其他时段出现的问题行为相对较少（如阅读/语言艺术）。数据可以确定对问题行为的发生和不发生具有预测性的较为一致的时间段、活动和事件。

3. 确定行为功能（维持性结果/强化物）

了解维持行为的强化物是能够使用评估信息制定干预与支持策略的关键因素。例如，如果个体表现出自伤或破坏物品的行为，可能需要考虑各种干预措施。可以教授表现出问题行为的个体更合适的替代方法来达到相同的结果（即适当的沟通请求）。此外，期望的东西可以作为适当行为的依联强化物（contigent reinforcer），还可以频繁地用于非条件的定期强化来减少问题行为（如有规律地获得期望的东西，使得个体没有必要表现出问题行为来获得期望的东西）。表单中有关感觉到的功能部分能提供关于潜在功能和维持性强化物的最直接信息。此外，尤兰达的数据提供了一个例子。在感觉到的功能部分，观察者指出她的行为有两个主要的功能：(1)获得关注；(2)逃避完成不喜欢任务的要求。再看看针对她的行为所提供的实际后果，这也很重要。在许多场合中，感觉到的功能是获得关注，但尤兰达却被口头指导回到活动中。这种指导对于这种问题行为可能起到强化关注的作用，在计划干预策略时需要注意。

尤兰达的数据说明了一个非常重要的问题。正如研究文献和我们的经验表明，个体很少只表现出一种类型的问题行为，许多人表现出的问题行为在不同的时间有着不同的原因。也就是说，问题行为可以提供多重功能。他们有时可能用一种行为来获得不同类型的强化性结果，如通过尖叫既可以获得关注又可以避免不喜欢的活动。其他人可能表现出不同的行为来获得不同的强化物，如通过尖叫获得关注，通过打和踢来逃避不喜欢的要求。许多这样不同类型的模式都可以识别。关键问题是要为问题行为个体构建一个详细的和完整的行为模式图，确保制订和执行的干预策略涉及了行为和相关的维持性强化物的各个方面。

关键点 2.4

解释功能评估观察表数据的基本准则

- 准则 1：检查行为一列来确定哪些行为发生，它们发生的频率以及这些行为中部分或者全部行为之间是否定期同时发生。
- 准则 2：检查表单以查看行为是否在特定时段内持续性地出现，特定的预测因素是否与特定行为在特定时间段内存在持续性的相关。
- 准则 3：考虑表单中感觉到的功能与实际后果部分，识别不同行为的可能功能和维持它们的可能后果。
- 准则 4：基于观察数据，决定初始的结论性陈述是否正确，它们是否需要修改或者废弃，是否需要形成额外的结论性陈述。

（十）确认或修改初始的结论性陈述

在审视观察数据时，重要的是记住要具有全局观。不仅要关注表格的特定部分，也要寻找可能发生的行为、预测因素和感觉到的功能之间一致性的整体模式。收集观察数据的主要目的是帮助我们确认、驳斥、修改或添加基于访谈和知情者的信息形成的初始结论性陈述。一旦已经收集和分析了足够多的数据，您便能决定有关不同情境、行为和维持性强化物的初始想法是否准确，是否需要修改。例如，有时直接观察信息会表明某些行为没有以访谈中报告的方式发生。同时，观察可能显示那些知情者没有清晰识别但需要考虑的额外信息和情况。澄清的过程是推进干预策略的选择和实施的一个重要步骤。关键点 2.4 提供了查看和解释使用 FAOF 收集到的数据的基本准则。

（十一）直接观察数据分析样例

在这一部分中，我们呈现了更多使用直接观察收集到的数据样例，为您提供查看和解释 FAOF 数据以及形成结论性陈述的实践。

例 1：埃琳 如表 2.7 所示，第一个例子提供了埃琳在工作环境中的数据。这个例子相对比较简单。看过埃琳的数据后，花几分钟时间考虑基于数据的结论性陈述。将它写在后面"埃琳的结论性陈述"的标题栏中。

一旦您做到了这一点（也只能在这一步之后），您可以看附录 E 中呈现的结论性陈述列表，看看您的与列表中的是否一致。

在**行为**方面，扔和破坏物品是发生的主要行为，偶尔伴随大声喊叫。在初始的访谈中提及的一些行为（踢、咬其他人）并没有被观察到。行为的未出现表明可能需要更多关于踢和咬的信息或者应该进行更多的直接观察。

在**预测因素**方面，在三个特定的时间段（2:00、3:00 和 3:30）行为没有被编码，埃琳很显然在休息或者参与喜欢的工作活动。行为发生在埃琳与主要支持人员接触时。除了两次观察者不确定预测因素的事件，大部分行为的发生是在应对要求/请求。

鉴于预测因素的信息，记录者认为行为的**功能**是埃琳为了逃避要求/请求。当工作人员让埃琳重新回到工作活动中时，这个行为可能让她至少暂时逃避任务或活动要求。

这个信息将会促成多种潜在的干预策略。可以改变埃琳的任务和活动安排表，可以教授或提示埃琳使用更适合的沟通反应来代替扔和破坏物品，可以给埃琳安排更频繁的短暂休息。这些议题将在第四章得到讨论。

表 2.7　埃琳的观察表

功能评估观察表

姓名：埃琳　　开始日期：3/18　　结束日期：3/20

埃琳的结论性陈述

情境事件	前提（预测因素）	问题行为	维持性后果

例 2：彼得　表 2.8 提供了彼得在家庭情境中半天时间内问题行为的数据。同对埃琳一样，花几分钟时间研究彼得的数据，在"彼得的结论性陈述"的标题栏中写出结论性陈述。然后（只有在此之后），您才可以对照您的陈述与附录 E 列表中的陈述。彼得的数据呈现了一个有趣的模式。在**行为**方面，彼得一直持续表现出要么咬自己的手腕和抓/推人，要么咬自己的手腕和打自己的脸。因此，出现了两类行为。这两类行为都发生在一天中的不同时间、不同情境或环境中。咬和抓的一致性**预测**因素是工作人员要求其完成剃胡须和自我护理常规这几项任务。咬和打脸行为的一致性预测因素是没有人关注或缺少互动的情境。针对这两类行为，**感觉到的功能**是获得关注（咬和打脸的行为）和逃避不喜欢的自我护理常规（咬和抓/推人的行为）。主要的实际后果包括工作人员阻止彼得的行为和试着指导他从事更适当的活动。这样的反应可能偶然地对行为提供了强化关注。

与埃琳一样，对于彼得的情况，有大量的干预策略可以考虑，包括调整自我护理常规展开的方式，教授和提示更适合的替代沟通行为来获得关注和休息，以及提供更为频繁的"随机"关注。

彼得的结论性陈述

情境事件	前提（预测因素）	问题行为	维持性后果

例 3：柯蒂斯　这个例子让我们回到柯蒂斯，在谈论功能评估访谈时谈到过他（见表 2.1）。表 2.9 提供了在学校情境中对柯蒂斯的观察数据。花几分钟时间研究数据。

然后回到表 2.1K 部分提出的结论性陈述，它是建立在对柯蒂斯的教师进行完整访谈的基础上。您认为观察数据为初始结论性陈述提供了支持，还是应该基于数据修改结论性陈述？（当您完成之后，您可以将您的结论和附录 E 列表中关于柯蒂斯的结论性陈述核对一下。）

柯蒂斯的数据验证了三个主要的模式。在阅读和数学课上，他要么表现出大声喊叫和扔东西，要么敲、拍打他的桌子和大叫。当要求其完成困难的任务时，会出现大声喊叫和扔东西的行为，行为功能是逃

58 | 功能性行为评估及干预实用手册（第3版）

表 2.8 彼得的观察表

功能评估观察表

姓名：彼得
开始日期：9/12　　**结束日期**：9/15

时间	行为						预测因素				感觉到的功能					实际后果
	咬手指	打人	尖叫	其他	害怕/惊慌	要求任务	独处	要求(没有反应)	要求任务	要求沟通/提要求	食物/活动	注意	逃避/避免(人)	逃避任务/事件	其他	
8~9	1 2 8 9 13			1 2 8 9 13				1 2 8 9 13				1 2 8 9 13 16		1 2 8 9 13 16		
9~10																
10~11	3 10 17	3 10 17					3 10 17		3 10 17				3 10 17		VK
11~12	4 14	4 18					4 14 18		4 14 18				4 14 18		
12~1																
1~2	5 11 15	5 6 11 15					5 6 11 15		5 6 11 15				5 6 11 15		VK
2~3	7 12 19	7 12 19					7 18 19		7 12 19				7 12 19		
合计	16	12		6									20 21 22 23 24 25		17 18 19	
事件：	1 2 3 4 5 6 7															
日期：	9/12						9/13			9/14			9/15			

© Cengage Learning

避这些活动。在柯蒂斯获得较少关注时，出现敲/拍打和大叫的行为，行为功能是获得关注。周期性的训斥可能无意中强化和帮助维持了以关注为动机的行为。

在第三种模式中，柯蒂斯表现出攻击行为（掐/抓）是为了从同伴那里获得期望的物品。这一行为通常会导致隔离，这个策略对于消除攻击行为没有实质性的影响，正如柯蒂斯在观察的三天时间里继续表现出这些行为。在三天的观察期，访谈中描述的抓胳膊的行为没有发生。因此，跟在中断抓的行为之后的破坏行为也没有被观察到。接下来，重要的是关注这一发现并决定它是否只是一个暂时的或特殊的事件，或者是否可能是医学或其他类型的干预解决了当下这段时间的问题。

与其他的例子一样，在这个情境下大量的干预策略可以考虑。在第四章关于计划的制订和实施中讨论了柯蒂斯的案例。

（十二）基于观察数据的决策

一旦获得足够的数据，便可以做出一些决策，包括收集更多的数据了解模式和关系是否更加清晰，进行系统的功能分析操作来澄清或确认特定行为的模式（内容见后面部分），以及基于访谈和观察收集的数据开始计划的制订和实施。对决策制定难以提供严格规定，但可以参考以下部分提出的一般的指导方针。

进一步收集观察数据

我们建议观察者最初收集 2~5 天的数据直到所需检验的行为至少出现 15~20 次。这是一个比较合理的数值，看数据和评估观察到的模式是否与基于访谈信息形成的初始结论性陈述一致。如果行为、预测因素和外显功能之间的模式一致性很明显，并且这些都与您的结论性陈述一致，您可能已经收集到了足够的观察数据，做好了进入制订和实施计划的准备。

然而，如果模式不清晰，可以再收集 2~5 天的数据，这可能有助于看出一致性的关系是否开始出现。这个时候您可能还需要做两件事情。首先，检查以及（如果需要的话）排除数据收集过程的疑难，确保所有的观察者对于他们在做什么和应该怎么做有一个清晰和一致的想法。与此同时，您可能还要检查依据访谈信息形成的结论性陈述。考虑这些陈述对于直接观察过程是否继续具有足够且适当的指导。收集额外的直接观察数据以后，您再查看，以便决定模式是否开始清晰。

如果没有，相关的人员应该**考虑**进入另一个步骤，即进行系统功能分析操作来精确确定和/或消除一些可能影响问题行为的变量。这些操作应该基于此问题收集的评估信息，关注那些看起来与问题行为最可能相关的变量和事件。下一部分的内容界定和呈现了此类操作的样例，提供了实施程序和指南。

表 2.9 柯蒂斯的观察表

功能评估观察表

姓名： 柯蒂斯
开始日期： 5/12
结束日期： 5/14

时间	行为					预测因素				感觉到的功能					实际后果
	喊叫	扔东西	骂/咒	打/踢	固执(顶嘴)	要求/提出	转换	中断(等)	群体活动(没有关注)	独自	关注/要求	喜欢的(人)	人	逃避/避免	任务/静坐	
第一时段 开始																
第二时段 阅读	1 5	1 5						10		10	1 5				1 5 10	PC
第三时段 数学	2 6 7	2 6 7	3 11 12	3 11				3 11 12		3 11 12	2 6 7				2 3 6 7 11 12	
第四时段 学校工作																
第五时段 午餐	8 13	8 13					8 13	8 13		8 13						1 8 13	PC
第六时段 体育课	4 9 14	4 9 14					4 9 14	4 9 14		4 9 14						4 9 14	Ag (5/12) BW (5/13) Ag (5/14)
第七时段 沟通技巧																
合计	1 2 3 4	1 2 3	3 4	5	6 7 8	9	10	11	12	13	14	15 16 17	18	19	20 21	22	23	24	25
事件：																
日期：	5/12			5/13			5/14									

五、功能分析操作

对于大多数的功能性行为评估，使用访谈和直接观察得出的结论性陈述便能识别有关问题行为的预测因素、维持性后果或行为功能的清晰模式。然而，如果评估访谈和直接观察得到的信息不能显示一致的行为模式，或者如果直接观察数据不能清晰证实结论性陈述，下一个策略便是考虑进行系统功能分析操作。功能分析是专门设计用来测试关于与问题行为最密切相关变量或事件的假设。例如，考虑到结论性陈述（假设）表明当交给艾琳困难的任务时，她最可能尖叫和打其他人，可以认为她的问题行为是由逃避这些困难的任务所维持。您可以测试这个结论性陈述，首先给艾琳一个 10 分钟的简单任务，休息一下，然后给她一个 10 分钟的困难任务，然后再给简单任务，其后又给出困难任务。如果当给定一个任务时，她完成得很好，可以给她通常用的表扬。如果她开始表现出即使是最小的问题行为，便把工作移除 1 分钟，教育她"冷静"。如果问题行为在困难任务中比在简单任务中更可能观察到，如果移除工作后导致问题行为暂时快速减少，那么功能分析将会验证您的假设。

如果艾琳的结论性陈述表明，当给艾琳任何类型的课堂作业，她都可能出现尖叫和打的行为来获得关注，那么艾琳的功能分析可能包括她独自完成任务和问题行为一开始便立即得到关注的条件，以及一对一支持下完成相同任务的条件。如果结果表明问题行为只在没有获得关注的时候发生，与任务类型无关，那么这个发现再次验证了结论性陈述的假设。

功能分析的重点是识别环境中的事件（前提和／或后果）和问题行为之间的关系。其过程可能涉及比较许多不同的条件来检验结论性陈述的假设，但是基本的思想是检验预测问题行为发生的情境事实上是否与问题行为相关联，**以及**预测问题行为不发生的情境是否与低水平的或非问题行为相关联。功能分析是唯一能够证明问题行为与前提事件或后果事件之间真正功能关系的方法，因此为您在理解行为发生的时间、地点和原因方面提供最大可能的精度和信心。

虽然功能分析程序可用于典型的学校或社区情境中，但是更多的时候它们使用在研究活动中。然而，在进行功能分析程序之前需要考虑一些注意事项和问题。

（一）何时进行功能分析

在采用功能分析前，须权衡功能分析的精度优势和这一方法所需要的时间、技术和对安全的额外关注。若要保证功能分析有效和安全地实施，须具备高水平的技能，并且可能往往要求获得知情者同意和科学研究与伦理审查委员会（Institutional Review Board，IRB）批准。这就是我们为什么之前建议，只有当使用功能评估访谈和功能评估观察表收集的数据尚不清楚时再进行功能分析。

(二)参与的人员

功能分析通常需要团队合作。**然而，在进行功能分析操作时，有直接督导经验的人指导这个过程，这很重要**。如果团队中并不存在这样的专家，或者如果负责评估过程最初部分的人没有接受过功能分析培训，团队的领导者需要向受过这些技能培训的专业人员（如美国认证行为分析师或行为专家）寻求外援。其他人员的数量将主要取决于潜在的安全问题。因为功能分析可能涉及严重问题行为的发生，你可能需要几个人来维持安全和充分控制潜在的困境。例如，如果有这样的可能性，个体可能表现出自伤行为如打头或咬自己，这就需要足够多的人（包括适当的医疗人员）来提供保护。如果个体可能会逃离功能分析情境，应确保足够多的人员来防止个体逃离。**除非有适当的安全措施，否则功能分析操作不应该进行**。这些问题在注意事项和指导方针部分将得到更详细的讨论。

(三)实施功能分析的过程

关于功能分析程序的大量研究已经由许多应用研究人员提出。该部分提供了功能分析方法的总体概述，但是其深度不足以使个体独立学习和使用此技术。我们的目标是提供基础和足够的详情，以帮助读者在与受过功能分析方法培训的个体合作时可以更顺畅。

1. 基本方法

功能分析的基本过程包括呈现（直接地控制和操作）不同的环境事件或情境以及观察它们如何影响个体的行为。研究文献介绍了功能分析的两种不同方法，并且这两种方法在应用情境中得到了使用。这两种方法可以单独使用，也可以综合应用。一种方法是对结构性或前提事件的操作。包括呈现特定的要求或者指令，要求个体参与某些活动，让一个特定的个体在场，在一个特定的环境中进行互动，或者让个体独处或不关注个体一段时间。这些活动是为了对可能预测行为发生的事件或变量的想法或假设进行检验。

另一种方法主要集中于对问题行为的后果进行操作。安排不同的情境和给予特定的后果要取决于特定问题行为的发生情况。例如，当行为专家（或者教师或者家长）集中注意力于附近的某个任务时，可能告知孩子（当事人）要独自玩耍。如果孩子开始尖叫或者自伤，成人可能给予短暂的、偶然的关注（如"请不要尖叫，现在是你玩耍的时间"），然后返回到任务。在另一个情境中，可能要求当事人进行特定的任务或活动，根据问题行为的发生的情况，允许休息一下或短暂逃离任务。当给予特定的后果后，如果问题行为出现的频率较高，可以得出这样的结论：这些后果很可能是在维持行为。

在某些情况下，这两种方法中的因素可能用于同一个评估之中。例如，一个学生可能会接触各种任务要求，因此观察者可以看到哪些任务要求更可能导致问题行为。然而，在每一种情况下，根据问题行为是否发生，决定是否提供以短暂休息的方式来逃避任务要求。

2. 确定评估的内容

基于访谈和观察的结果，您应该对问题行为至少有一个想法或者假设，我们称之为结论性陈述。以下是结论性陈述的典型例子：

- 当活动很少时，玛丽快速抖动手指来获得视觉刺激。
- 当教师在关注其他同学时，迈克尔大声喊叫以获得教师的关注。
- 当乔迪思看见喜欢的物品时，她会尖叫并跑过去抓住它。
- 当凯蒂在课堂上犯了一个错误时，她会跑出教室来逃避同伴取笑这种负面关注。
- 当罗纳德在参与的任务中犯了几个错误时，他会打教师来逃避这个困难任务。

为了直接检验这些结论性陈述，我们必须在一定条件下观察个体，包括呈现和不呈现特定相关前提和后果的条件。简单地说，我们设定条件（前提和/或后果），在这些情境中，我们希望看到问题行为增加或者高频率发生，然后观察问题行为，确定是否真正出现了预期结果。我们也设定那些我们预期问题行为不会高频率发生的情境，然后进行观察，以作对比。通过这些操作并观察不同条件下问题行为的改变，我们便能确定真正影响问题行为的变量。

3. 不同的功能分析设计策略

有两种基本类型的单一被试研究设计在进行功能分析时运用最频繁。它们是倒返（ABAB）设计和多成分（交替处理）设计。倒返设计（ABAB）包括在相关变量没有出现时的初始或**基线（A）**阶段收集数据；然后在相关的事件或情境出现时实施**处理或者操作**的第二（B）阶段；重复这些基线和操作条件的交替，建立一个清晰的模式以显示变量操作和问题行为的变化水平或频率之间的关系。例如，交替进行包含困难任务的教学与只包括简单任务的教学，这有助于确定任务的难度与问题行为之间的关系。如果在困难任务阶段问题行为一致性地出现频率较高，便支持了个体表现出问题行为是为了逃避或者结束困难任务的情境的假设。

多成分或者交替处理设计包括在一个相对较短的时间段内，在一个散布的模式中呈现几个不同的条件。通常情况下，提供的后果与问题行为的发生相依联，通过呈现不同的条件操作后果。这种功能分析法的使用者通常使用最初由艾瓦塔（Iwata）、多尔西（Dorsey）、斯利弗（Slifer）、鲍曼（Bauman）和里奇曼（Richman）所描述（1982/1984）的条件或条件变量。例如，呈现以下几种不同条件：困难任务情境，在该情境中提供与问题行为相依联的逃避，提供与问题行为相依联的社会关注的情境，提供与问题行为相依联的具体实物（如玩具）的情境，以及穿插不会导致问题行为的"控制"条件（如不会提出要求的社会游戏或与当事人的互动）。有时还会增加让当事人独处的情境（但应适当地监控其安全），以便观察者能确认在没有提供外部影响时，问题行为是否发生。在一定时间内交替和穿插不同条件的目的是识别对于问题行为有实质性和一致性影响的变量。通常情况下，每个条件要至少重复几次（3~5），从而使得观察者记录这些条件中是否有明显的差异。如果没有清晰的初始差异，额外的观察时段可能会帮助观察者确定这种差异是否会开始出现。

4. 处理不确定的分析

可能会出现这样的情况，即使重复几个不同条件，个体也不会出现清晰的模式。在这种情况下，重要的是要决定是否条件正确并且实施一致。例如，对于个体来说，困难的任务真的很难吗？在课堂上当个体独处时，所看到或所听到的人影响到他／她了吗？您可能需要调整条件或情境，然后再次呈现它们以便更清楚地了解前提和维持行为的后果。或者您可能需要确定其他可能真正影响问题行为发生的前提条件或后果。可能需要形成新的假设并通过功能分析进行检验。

（四）检验不同类型结论性陈述的观点

当访谈和直接观察不足以证实行为功能的假设或结论性陈述时，要使用功能分析。功能分析提供了一个直接的系统检验来确认结论性陈述。这里有一些检验结论性陈述的观点。

1. 获得内部刺激

一些行为对于个体可能是自我刺激的功能，即它们似乎提供了一些个体喜欢的内部刺激或反馈。一些研究者将这种关系称为"自动强化"（automatic reinforcement），因为行为的表现"自动"产生了强化（Patel, Carr, Kim, Robles, & Eastridge, 2000）。这种类型的结论性陈述通常很难确认，但是仍有策略可用于确认结论性陈述。一个策略是在个体独处没有材料或活动的情况下，观察个体的行为。这可能意味着让个体独自在房间中，通过单面镜子、窗户、打开的门或者摄像机来悄悄地监测他们。如果在这些条件下行为更频繁，它们可能就是自我刺激的功能。另一个策略是试着妨碍或阻止行为提供的刺激，然后查看这种策略是否有助于减少行为。在一项研究中，用眼镜来阻止个体戳眼睛和摩擦眼睛带来的视觉刺激。然而，对于一些行为，可能很难或不可能在不过度打扰的情况下给予这类阻止，如手指拍打和摇摆。在这种情况下，很难将可能是自我刺激的影响和在阻止的过程中提供的互动的影响区分开。

2. 应对厌恶的内部刺激

各种的医学或者身体条件可以导致疼痛或者不适。个体的行为可能是出于对这些感觉的逃避或减少。然而，试图故意引起头痛、鼻窦感染、过敏反应或月经不适来观察它们对个体影响的做法，不仅困难而且有违道德。试图评估这种影响的一个方法是当怀疑个体出现不适时，提供合理的治疗，观察行为是否减少。例如，如果个体出现流鼻涕、流眼泪，同时还表现出自伤撞头和摇摆，给予过敏药物治疗和止痛剂（阿司匹林或布洛芬）可能会导致行为的减少。非常重要的是**应该与医疗专业人员合作实施这种程序**。父母、教师和项目人员不应该自己试图诊断和治疗潜在的医学问题。

3. 获得社会关注

如果认为个体出现行为是为了获得社会关注或互动，您应该设置个体行为成功获得关注和个体行为没有获得关注的情境。例如，要求孩子在房间里安静地工作或者玩耍，成人在另一个区域工作。一种情况下，当行为发生时，成人回应孩子（"请不要这样做"）。另一种情况下，成人忽视，没有对这些行为做出回应。如果给予关注的条件下，行为更频繁地发生，这个观察便支持了行为是获得关注的功能假设（注意，为了使这种差异变得明显，可能需要一段时间或者一定数量的时段，特别是这种行为在过去已经被间歇性地或非持续性地强化）。

4. 获得期望的物品或活动

当个体似乎想要得到一个物品或活动时，可能会出现问题行为。这个假设可以通过创设呈现期望得到的物品或活动的情境进行检验，但是这些物品和活动并非一开始就能得到。如果个体尝试接近并抓物品，阻止他。只有问题行为发生时才可以给他（"好，可以给你_____"）。通常情况下，一段时间后，物品要收回，开始新的检验。在这些情境类型下，个体的行为可以与其他情境中没有呈现物品或活动或不依据问题行为的发生个体可以随意获得物品或活动时所表现出的行为进行对比。

5. 逃避社会关注、要求或活动

个体的行为可能由逃避或避免社会关注（问候的回应，如"米奇，告诉我你过得怎么样？"）、任务要求，或者不喜欢的活动或互动所强化。这个假设可以通过创设呈现关注、任务或活动的情境，然后根据问题行为的发生情况提供短暂的逃避（可能是 30 秒）来进行评估。在这些条件下，个体的反应可以与不呈现要求或活动的场合中个体所表现的行为（如非社会性的玩具游戏条件）进行对比。

6. 在典型日常活动中实施操作

通常在研究文献中，功能分析在高度控制的人工或者"模拟"的情境中，由一个训练有素但对当事者不了解的行为专家实施。然而，在个体平时安置环境下的日常活动中实施操作是开展功能分析的最有效的方法。例如，我们可以安排一个预期的操作，如在个体与教师常规的教学期间多次呈现某个困难的任务要求。通过定期地呈现和移除这个任务，观察会发生什么。呈现和移除操作的次数取决于效应的大小和获得效应的速度。这种方法有助于确保所识别的有问题的情境和影响变量可能是最有效的，而且与个体的日常生活实际相关的。近些年来，越来越多的研究（如 English & Anderson, 2006; Lang, Sigafoos, Lancioni, Didden, & Rispoli, 2010）采用了这种自然情境和条件下，由普通的支持人员（如教师、父母、技能培训师）实施操作的功能分析。这些在自然条件下的操作应该由接受过功能分析的人员进行直接指导和监测。

（五）功能分析操作实例

本部分介绍了我们对表现出问题行为的个体实施操作的实例。图 2.3 呈现了使用倒返（ABAB）

设计操作前提条件的实例数据。格雷格是一所中学的学生，伴随严重障碍。在教学中，他会大声喊叫，表现出攻击行为（打和抓）。当他打人时，教师将其带到教室角落的隔离椅子上。根据访谈和观察的结果，我们得出结论，格雷格使用攻击行为主要是为了逃避困难的任务，而教师却提供了某种形式的错误纠正（"请停止，你应该这样做"）。为了查明事实是否如此，格雷格的教师实施了只涉及该生熟悉的和能轻松完成的任务课程。这之后，课程涉及不太熟悉的，较难完成的任务。这些简单的和困难的任务条件重复进行来确定效果。图 2.3 的曲线图表明，当呈现困难的任务时，格雷格的攻击行为一致性地较高。这些数据证实了格雷格的攻击行为有逃避功能这一最初的结论性陈述。

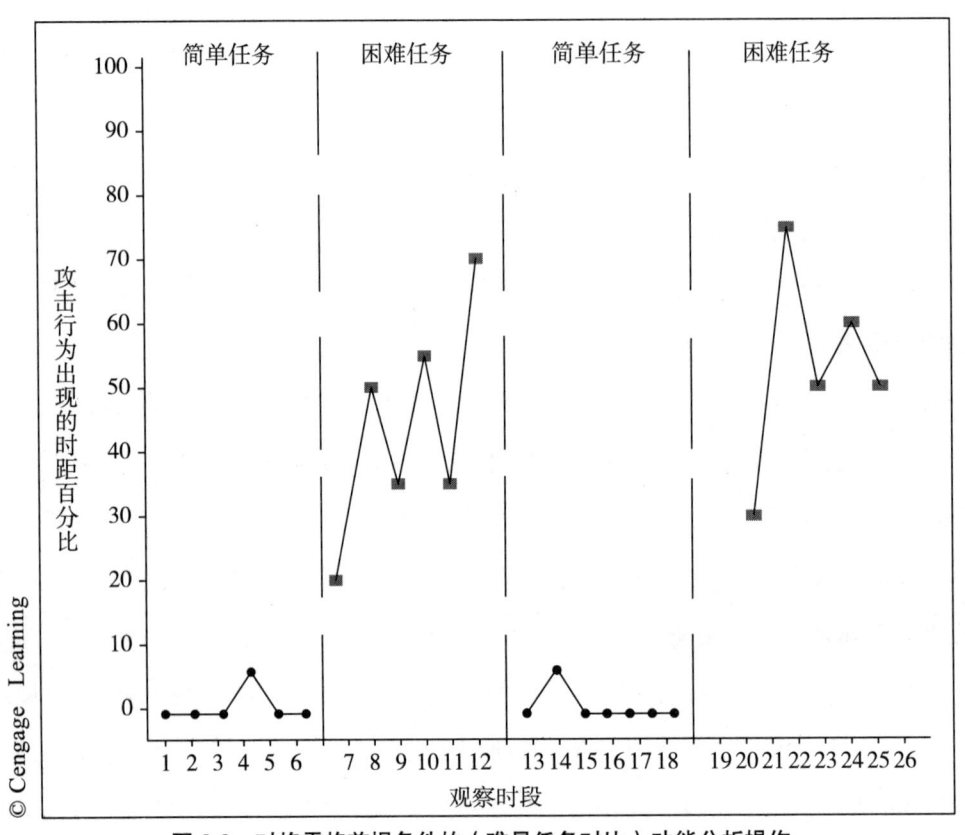

图 2.3　对格雷格前提条件的（难易任务对比）功能分析操作

图 2.4 呈现的是对一名叫本的小学生实施的功能分析。本的问题行为包括打或者拍自己的头和脸，吮吸或者咬自己的手。在教学中，在教室活动中，或者甚至在教师或助理靠近他时，他会表现出这些行为。通过访谈和直接观察得出的假设认为，这些行为有逃避的功能。本的教师进行了 4 天的功能分析程序。她在每一天呈现四种不同的情境，每种情境 5 分钟，使用交替处理设计的形式。这四种情境包括游戏情境（听他最喜欢的音乐）；要求情境（要求他激活教室电脑密钥），在这种情境中逃避的出现与问题行为的发生相依联；关注情境（当他打、吮吸或者摇晃时，提示他"请不要这样做"）；独处的情境，房间中有人但不与他互动（没有提供问题行为的外部后果）。图 2.4 中的数据表明在要求情境中本的问题行为最频繁，确认了本的行为主要功能是逃避要求情境。

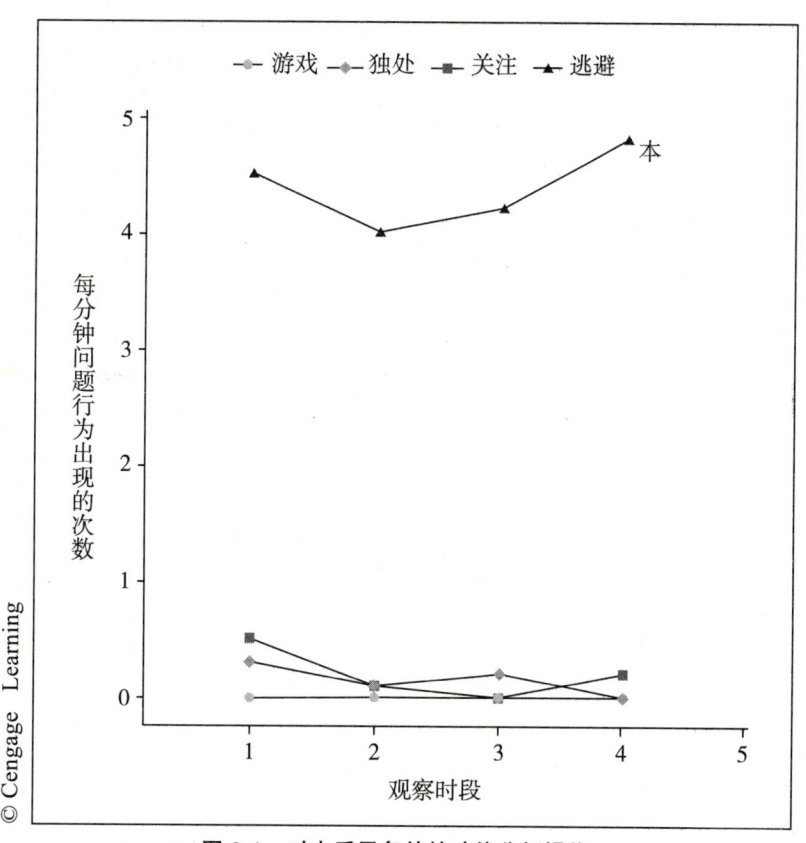

图 2.4　对本后果条件的功能分析操作

尚特的例子说明了进行功能分析的交替处理的变式方法（见图 2.5）。这个程序被称为简式功能分析或评估（brief functional analysis or assessment）（Derby et al., 1992; Northup et al., 1991）。下面列出该方法的主要特点：

- 在较短的时间内（90 分钟）呈现相对简短的课堂模拟情境（10 分钟或者更少）。
- 每种情境中呈现相对较少的观察时段（通常只有一个）。
- 实施依联倒返（contingency reversal）来检验包含适当沟通反应的干预策略。

在尚特的实例中，问题行为在关注情境中最高，支持了问题行为的功能是为了获得关注的假设。在评估阶段，适当的沟通反应（说"请来这里"）没有出现。在第一个依联倒返阶段，向尚特示范适当的沟通反应，即说"请来这里"，然后提示她使用这个适当的反应，并通过关注进行强化。在此阶段中问题行为没有产生关注。注意，当只对说"请来这里"给予关注时，问题行为出现频率非常低，使用适当的沟通反应的频率非常高。倒返关注问题行为后，在接下来第三阶段的关注"请来这里"时段，确认了行为的关注功能是主要的，教授适当的沟通反应是一种有效的干预策略。这里介绍了基本的功能分析程序的很多可能的变式。

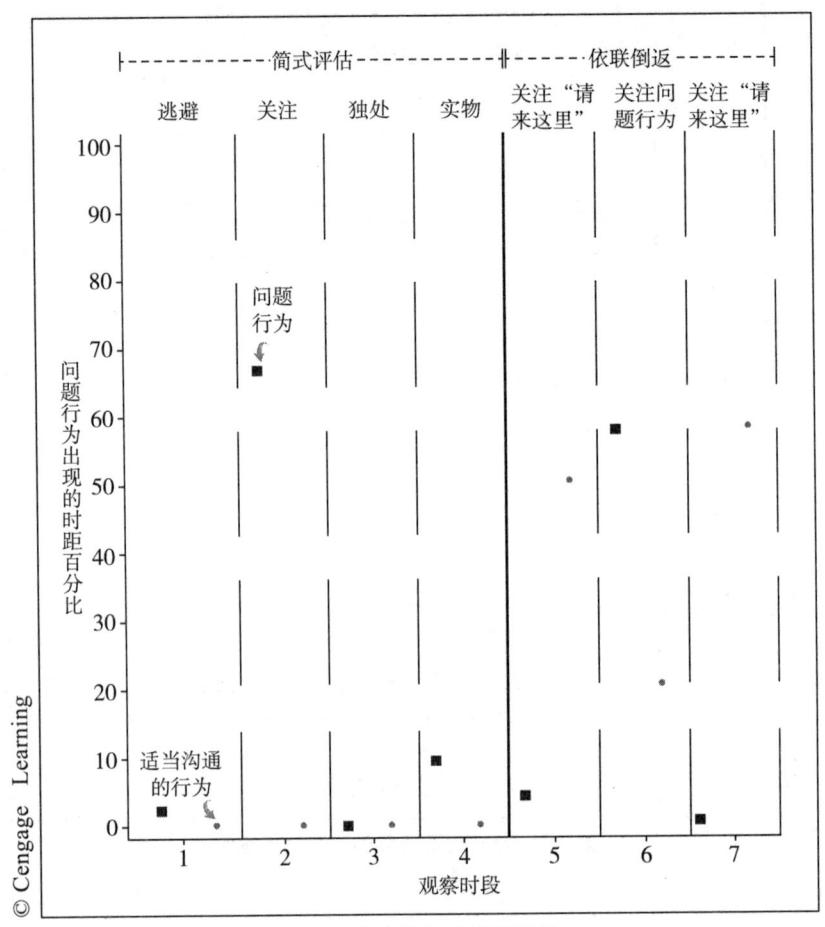

图 2.5 尚特的简式功能评估

（六）功能分析程序的重要注意事项和指南

在进行上述各种类型的操作时应注意以下事项：

1. 确定要评估的具体特征

只有在初始评估活动得出信息或结论性陈述，从而为要评估的具体情境和变量提供了指导时，才可尝试各种操作。

2. 确定和论证风险等级

严重的自伤行为或攻击行为很显然对个体和/或教学人员和支持人员来说很危险。在对这些行为实施操作之前，您需要确定潜在风险的等级，并且决定所要获得的潜在结果是否值得冒这样的风险。在做决定时，您降低风险和保护参与人员安全的能力是一个重要的值得考虑的因素。

3. 控制相关变量

功能分析操作应该只有在您能很容易控制相关情境和变量时实施，如特定的任务或活动，让个体独处，或者去特定的场景。可能有这样的情况，控制情境的相关方面可能很困难，如当问题行为似乎与**内部**身体事件（鼻窦或中耳感染、月经期、药物反应）有关时，这些是不容易观察到或者操作的。在这种情况下，为了查看两者之间是否存在任何关系，仔细观察问题行为与身体症状或条件之间的关系可能是最好的策略。正如前面讨论的，如提供药物减少疼痛这样的操作可能影响行为，对此观察，内部身体事件在问题行为中起着重要作用的假设就会得到加强。

4. 获得适当的审查和批准

实施功能分析之前，您应该通知所有相关的人员，包括父母、监管人员、校长和其他管理员，获得当事人或者其父母或法定监护人的知情同意。此外，您应该获得相关监督委员会的正式审查和批准。实施操作所涉及的因素通常与干预计划所涉及的因素是相似的，且它们存在的风险也是相似的，因此获得类似的审查和批准是避免潜在问题的最适合的策略。

5. 为维护安全和保护个体制定策略

必须小心实施所涉及的行为有潜在危险影响的操作。

（1）**充足的人员参与**　我们强烈建议，在操作过程中您需要足够的训练有素的人员来确保每个人的安全。这意味着足够多训练有素的人员来实施保护性身体干预，以便阻止和控制被观察个体的自伤行为或攻击行为，预防个体跑到不安全的情境中或实施其他的防护措施。此外，这个过程必须有至少一个在实施功能分析程序方面有丰富经验的人的参与。

（2）**使用防护设备**　允许特定的行为发生，这样就可以评估行为，因而也可能需要配备被观察个体或工作人员的防护设备，最大限度地减少或消除受伤的风险。例如，如果个体有撞头的行为，可以使用防护头盔。如果个体有攻击性地掐或者抓人的行为，工作人员在实施功能分析时可以配备手套和长的、厚的袖套来进行自我保护。

然而，重要的是要注意防护设备本身可能影响行为的频率，在执行操作和解释结果时要牢记这一点。有可能是设备的存在与否能迅速成为是否出现问题行为的信号。例如，如果提供防护手套，个体可能在戴手套时没有自伤行为，但是摘掉手套后可能立即重新出现自伤行为。我们并不是总能预测防护设备的影响，因此如果使用了防护设备，解释数据时要谨慎一些。

（3）**建立结束的标准**　在开始前，建立清晰、明确的决定结束的标准非常重要。您需要确定行为的频率和强度为多大时会有风险，需要结束来保持安全。参与和执行此环节的每个人应了解并同意这些标准。此外，您可能需要确定可实施的"冷却"或缓和程序，以便把行为和生理激动恢复到安全的水平。

（4）**使用"先兆"行为作为结束的信号**　保持安全的一个有效的策略是确定可靠的"先兆"行为，即个体可能在表现出更强烈和更危险的行为之前的行为。之后功能分析将关注低强度的和有问题的行为发生和不发生的情况。例如，如果个体通常在自伤或攻击行为之前表现出焦虑不安的迹象（如摇晃、猛击桌子），在评估的过程中，您就可以关注这些焦虑不安的行为的发生。一旦它们发生，就可以在更危险行为发生之前结束功能分析环节。

6. **采用适当的数据收集和程序设计**

为了从功能分析程序中最大限度地获得有用的信息,您必须做好安排来收集问题行为的有效数据。这可能需要进行录像,之后观看录像并记分,或者指定人员在过程中观察和收集数据。

此外,在恰当设计的程序中,管理各个观察时段很重要。正如我们讨论过的,这意味着应在倒返设计方法中呈现和移除变量,或在交替处理设计中系统地跨时段呈现变量。解决这些注意事项有助于您对影响变量做出最可靠和最有效的结论。关键点 2.5 介绍了在应用情境中实施功能分析的指南。

7. **确认和 / 或修改结论性陈述及推进干预计划的制订**

与上面介绍的直接观察策略一样,功能分析过程中一个非常重要的成果应该是验证或修改基于最初评估活动建立的结论性陈述。实施功能分析将帮助支持您的结论性陈述或者提示您修改它们,即基于您收集的数据删去一个或多个,或者添加新的。

到目前为止,我们已经介绍和讨论了获得功能行为评估信息的主要策略,包括访谈法、直接观察法和系统操作法。正如本手册自始至终强调的那样,收集这些信息的目的并不是它本身。信息只有用于指导形成和实施可以促进适应性行为和减少问题行为的策略时才有价值。下一章重点关注功能评估信息的整合以用于制订支持计划。

关键点 2.5

实施功能分析操作指南

1. 在操作过程中,确定要评估的特定变量。
2. 确定可能遇到的风险水平。
3. 确保能控制和操作相关的变量。
4. 获得适当的审查和批准。
5. 有足够的训练有素的人员参与,在过程中能维护安全。
6. 如果需要的话,确定结束的明确标准。
7. 考虑让个体和 / 或教学人员和支持人员使用防护设备。
8. 考虑使用先兆行为作为结束过程的信号。
9. 采用适当的数据收集方法和设计程序。

第三章 行为的功能与干预的连接

世界之窗　案例一

科科莫是一名四年级的学生，学习成绩不好。科科莫和同学之间学业上的差距逐年拉大。好的一面是同学们都很喜欢科科莫，他是棒球、篮球和足球队的明星。然而，今年科科莫似乎放弃了学业。他很少上交家庭作业，在学业上付出的努力程度最小。当老师要求其完成作业时，他便开始"抱怨"，如发牢骚说："我们为什么要做这个东西？""这是谁的主意？""将来我要用到这个吗？"几分钟之后，他会抬头看天花板或者趴在桌子上。他的老师皮彭布林女士虽然会经常因为他分散同学的注意力和影响她的教学而把他送到办公室，但是平时尽可能地忽视他。皮彭布林女士很担心，给科科莫进行学习障碍的测验，结果表明他没有障碍，或其他任何类型的障碍。

皮彭布林女士向副校长拉比先生征求意见。拉比先生在课堂上观察了几次，看见科科莫较频繁地出现这些行为。他还注意到科科莫已经开始往地上扔铅笔或者练习纸。拉比先生同意皮彭布林女士认为的这些行为令人担心，建议她一旦科科莫出现这些行为便立刻把他带到办公室。然后他开始劝告科科莫，如果他不好好表现便"对其提出警告"。有了学校行政管理的强大支持，皮彭布林女士终于松了一口气，开始实施这个计划。很不幸，在观察行为时，无论是皮彭布林女士，还是拉比先生都没有考虑问题行为的功能。该计划的干预只关注问题行为的外在表现，用预计的惩罚物（presumed punisher）来减少行为，而不是追寻问题行为的功能，以及给科科莫提供适当的替代行为来实现这一功能。最终的结果是科科莫的问题行为没有减少反而增加了。

世界之窗　案例二

金是一年级的学生，他刚来到这个国家，英语是他的第二语言。他发现学业任务很难，班级和学校的社交让人很困惑。当老师要求其完成学业作业时，他开始下座位并走开。社交上，他开始靠近同伴并推他们。教师和家人都很关注。他们认识到需要尽快解决这些问题，以便金在这个关键衔接点上学业不会落后，与同伴之间不会发展出社交问题。

金的教师莱布朗先生与融合专家波林女士共同商量（即使金没有被鉴定有障碍，波林女士也会在那儿帮助学校中所有在学业和社交上有困难的学生）。访谈了莱布朗先生之后，波林女士在几个不同的时间和情境中对金进行了一个多星期的观察，使用了功能评估观察表（第二章中介绍）。通过收集的观察数据，波林女士证实了她最初的结论性假设：当出示学业任务时，金表现出逃避行为。同样清晰地了解到金推他的同伴，是试图得到同伴的关注。因为行为的功能区别很清晰，因此波林女士和莱布朗先生决定双管齐下帮助金。

首先，对于学业问题，莱布朗先生进行了进一步分析，让它变得更清晰，当要求金完成涉及阅读的学业任务时，金表现出逃避行为。因为波林女士负责针对阅读困难者的教学小组，使用直接教学（Direct Instruction）策略教授阅读（Carnine, 2010），很容易将金纳入该小组。此外，金的家人还让他参加课外项目以及在当地社区中心的同伴辅导小组，因此金能在词汇上获得额外的指导，有时间在他特别感兴趣的话题上进行"趣味"阅读。

其次，针对推的行为，莱布朗先生和波林女士认为教授金积极的方式来获得同伴的关注是最好的方法。他们决定使用技能流课程（Skillstreaming curriculum）教学，因为这些方法在有效性上有很强的实验基础（McGinnis & Goldstein, 1997）。考虑到金并不是班上唯一有社交困难的学生，他们决定面向全体学生每周三次开展有关社会期望行为的简短课程。他们把课程融入学生存在社交困难的教室、操场和餐厅的环境中。这些课程在教授学生与同伴积极互动的技能方面是有效的。

最后，为了促进这些技能的出现，莱布朗先生实施了代币制（token economy），当学生表现出积极的社会互动行为时，可以获得代币，这些代币可以在班级商店里兑换期望的物品或社会活动，如特殊的游戏或者与莱布朗先生或波林女士一起午餐。教授积极的技能和促进技能使用的强化系统的组合对于金（以及其他学生）来说非常有益。他不再通过推同伴来获得关注，他现在开始在班内和校外结交朋友。

一、连接功能与干预的重要性

功能性行为评估的目的是确定不良行为的功能。只有把情境事件、立即前提、行为及其后果连接起来理解问题行为，才可能制订一个有效的多元的支持计划，使得问题行为变得无关、低效和无效。人们常常在提供行为支持时，实施功能性行为评估，然后实施干预，但并没有将干预与试图消除的问题行为的功能连接起来。正如我们所指出的，功能性行为评估的目的是使干预更有效和更高效。基于功能的干预策略能关注问题行为发生情境的所有因素。主动的和预防的干预可能关注情境事件和前提。应教授更具适应性的替代行为以取代不良行为（也称为技能建立或教授替代行为）。当干预是基于不良行为的功能时，后果干预可以用来削弱用以维持问题行为的后果，也可以强化所期望的替代行为。当选择的干预没有与问题行为的功能连接，它很有可能是无效的，甚至使问题变得更糟。例如，当要求一年级的学生阿特斯迪完成阅读任务时（对他来说阅读非常困难），他将书扔掉。行为的功能是逃避阅读任务。让他到教室角落待五分钟（通常使用的隔离策略）对他来说不是一个有效的干预，实际上会适得其反，会强化他扔书的行为。这也不会教给他在相似情境中能积极使用的任何功能性替代行为。一个基于功能的更有效的干预是教授阿特斯迪如何寻求帮助，强化他寻求帮助的行为，同时着重关注教授他阅读技能。有了这些积极的行为，他便不会表现扔书的行为了。

二、功能与外在表现

常见的错误是根据问题行为的外在表现（可观察到的行为，如踢人、骂人或者跑出教室）来选择干预过程，而不是根据行为的功能。例如，教师会把所有打人（外在表现）的同学带到办公室。虽然这在一些情况下是有效的，但是对于那些为了逃避任务或情境而表现出行为的学生来说，干预很可能是无效的，因为教师无意中强化（负强化）了逃避的行为。在这种情况下，当呈现一个困难的学业任务或在一个困难的社交情境中时，学生更可能出现打人的行为。

打人的行为还有获得教师和其他人员关注的功能。在这种情况下，送她去办公室这种与学生的互动会强化（正强化）学生获得人员的关注。基于获得关注的功能的干预可能包括教授学生社交技能（不用打的方式获得同伴积极的关注），教授学生获得教师关注的适当的替代方式如举手或提问，和/或当学生表现出适当的行为时，教师增加对学生的关注。

相同外在表现的行为（如打）对于不同的个体有着不同的功能，针对不同的个体需要根据功能选择不同的干预措施。此外，相同外在表现的行为对于同一个体在不同的情境中可能有着多重的功能，也需要采用跨情境的不同的干预方法解决相同外在表现的行为。如果不了解行为的功能，干预的有效性很可能就靠碰运气了。了解行为的功能，并将功能与干预连接起来增加了选择有效干预方法的机会，减少了实施干预时失败或问题行为恶化的可能性。

三、基于功能的教学干预

了解问题行为的功能（或多个功能）是确定教学干预以解决问题行为的关键因素。教授新技能是引起行为持久改变的最有效策略。了解问题行为的功能有助于教师、家人和其他人教授与问题行为有着相同功能的适当技能和行为，从而替代问题行为。例如，想一想案例一中被送到办公室的科科莫。功能性行为评估显示出科科莫在学业科目的学习上有困难。科科莫在学业上缺乏成功以及挫折让他产生了反感，尤其是当给他作业，他不知道如何做的时候。由于被送到办公室，所以他的问题行为让他逃避和避免了困难的学业任务。对于科科莫，基于功能的更有效的干预方法包括教授一种适当的方式用于寻求作业上的帮助。表 3.1 介绍了其他的教学干预与有相同功能的替代行为相匹配的例子。

在下一章中，我们介绍连接功能性行为评估信息与积极行为支持计划的模型。等值性行为模式（Competing Behaviors Model）为制订基于功能的行为支持计划提供了一个模版。

表 3.1　教学干预与有相同功能的替代行为相匹配的例子

行为的功能	行为的外在表现	基于行为功能的潜在的积极干预
当纳吉布不理解教师的指令时，他开始攻击其他人（逃避行为）	攻击（打、踢）	教授他当不理解指令时如何寻求帮助
泰格拉喜欢获得同伴的关注（获得同伴关注），但是在向同伴问好时与同伴靠得太近，引起同伴的消极反应	太靠近同伴	教授当问好时与同伴保持适当距离的方法（社交技能教导）
光过度打断课堂，提问与教学不相关的问题（获得教师关注）	打断课堂	教授自我管理的策略，限定提问题的数量，获得教师的反馈（获得关注）
布卡在体育课上会变得非常焦虑（强力呼吸、出汗和发抖），课前在更衣室制造混乱，他被送到办公室（逃避行为）	强力呼吸、出汗、发抖	除了在体育课上的教学活动技能，教授放松的技巧
当雷汉姆独立写课堂作业达到 5~10 分钟时，他会做出破坏性行为（敲打桌子、大声评论），以逃避任务（教师对她进行隔离）	用指关节或者手掌敲打桌子、不适当的口头评论	教授雷汉姆以适当的方式要求休息，当她要求时（替代行为），让她休息片刻；一旦她开始以适当的方式提出要求，继续提供休息，但是逐渐增加休息之前的作业时间（"好，雷汉姆，写作业__分钟后，你可以休息。"）

第四章 制订行为支持计划

世界之窗 案例一

内娃是五年级的学生，近来引起了父母和学校教师越来越多的担心。关于放学后去了哪里，她跟父母撒谎，在社交网络上发布关于自己和朋友的不真实的信息，她成了班上的小丑。内娃的老师格雷利希女士与她的父母商议后，让学校的心理专家胡内克女士对内娃实施功能性行为评估，并基于评估结果提出建议。

胡内克女士通过功能评估访谈（详见第二章）从内娃的父母和格雷利希女士那里获得了一些信息。她还在内娃的教室里，在不同的时间，观察了内娃一个多星期。收集的内娃的信息逐渐清晰地显示，她表现出问题行为是为了获得同伴的关注。胡内克女士知道她必须通过改变引发问题行为的情境，重组环境来减少出现这类情境的可能性，让问题行为尽可能不再发生。格雷利希女士在班上一直都在使用一些合作学习的策略，现在她知道如果更多地使用这些策略，学生能在学业上获得提高，还会增加内娃与同伴积极互动的机会。格雷利希女士决定使用学生教师成就分区小组调查（Student Teacher-Achievement Divisions Group Investigation）策略（Johnson & Johnson 2013）。她为不同的组选择小组成员，确保把内娃放在学业成绩好、学校内外社交网络好，且受同龄人欢迎的同伴中。这提高了内娃的学业技能并促进了她与同伴积极的社交互动。

胡内克女士知道通过教授适当的社会性替代行为以达到相同结果（获得同伴关注），从而让问题行为低效，这很重要。格雷利希女士采用了几个策略来增加内娃（和其他同学）获得积极同伴关注的机会。首先，她设立了一个早间讲笑话环节（joke-of-the-morning），另一个在下午，当点到学生的名字时（格雷利希女士在一开始设定好程序，使得内娃的名字可以更频繁地被点到），该学生就有一分钟时间讲一个笑话。如果班级公认这个笑话有趣的话，这个学生可以得到额外的10分（如果无趣，学生可以得到5分）。这个策略为早上开始和下午结束的环节添加了有趣的活动。其次，格雷利希女士还通过社会强化奖励学生完成班级活动的行为（通过测验、应门、出勤等），即班级简单感谢学生所做的工作（同样，格雷利希女士稍微安排了程序，因此内娃比平时完成了更多的班级工作）。

格雷利希女士还想让问题行为尽可能变得无效。胡内克女士和格雷利希女士想出了一个适用于全班学生的干预方法，用来减少内娃通过不良行为从同伴那里获得的强化数量。格雷利希女士在班上使用了计分系统（代币制）。她改进了这个方法，因此只要学生忽视了（没有笑或者回应）胡闹行为，他们就可以得分，而每一次学生对胡闹的同伴进行了关注，他们就会被扣分（反应代价）。因为这个新的策略适用于全体学生，尽管没有把内娃孤立出来，但是现在对于她的问题行为的依联改变了。

世界之窗　案例二

伊斯特瓦奥是一名大三的孤独症谱系障碍学生。他非常聪明，善于完成与电脑、数字和数学有关的任何任务。他目前在一家技术初创公司上班，每周工作几小时，协助完成智能手机应用程序的开发。他能很好地胜任电脑上的工作任务，但是在社交上有困难。他的主管科布女士对此非常关注，与他的导师福森肯珀女士沟通，告诉她伊斯特瓦奥开始粗鲁地叫同事的名字，拒绝完成不用电脑的任务要求（作为一家初创公司，工作人员需要经常替同事接电话、跑腿、整理和储存零件等）。

福森肯珀女士在伊斯特瓦奥工作的地方使用功能评估观察表观察了一段时间。很快就清楚地看到伊斯特瓦奥问题行为的功能是逃避与同事的社交互动，从而可以回去做电脑上的工作。他的同事很受挫，开始用粗鲁的方式回应伊斯特瓦奥，但是这没有改变他的粗鲁行为。福森肯珀女士决定对伊斯特瓦奥采用积极行为干预。她明白首先必须增加可预见性以及给伊斯特瓦奥更多的选择机会，才能让问题行为尽可能变得无关。她在伊斯特瓦奥的电脑上设置弹出窗口，提醒他可能要完成的某些任务（如"今天是星期二，下午供货品要来，因此凯莎可能让我搬一些箱子到仓库"），以此来增加可预见性。在这个弹出窗口之后，会出现第二个弹出窗口，提示他可以做出的适当选择（如"我可以立刻保存我的工作，和凯莎一起去，或者我可以告诉她马上就去，然后点击可以在视觉上呈现30秒倒计时的应用程序，当30秒结束时我可以保存我的工作，和凯莎一起去"）。

福森肯珀女士还想通过教授伊斯特瓦奥适当的社会性替代行来获得同样的结果（回去做电脑上的工作），从而让问题行为变得低效。她让他在电脑上安装一个应用程序，了解还有多少秒他要离开。接下来，伊斯特瓦奥尽力在目标时间（与伊斯特瓦奥共同设立的帮助凯莎的时间）内或者提前完成，这鼓励他在帮助她的时候，尽可能快地工作。

最后，福森肯珀女士想要让问题行为尽可能地无效。这包括确保他的逃避行为（变得粗鲁，因此人们离开他）不成功（如果他粗鲁，人们可以提示他使用适当的行为，而不是离开他），然后教授他一种有效的替代行为。福森肯珀女士为伊斯特瓦奥建立了一套自我管理系统，同时教授他特定的社会技能常规。她通过和他进行角色扮演来教他如何处理社交情境，使他可以离开电脑（如"停止电脑工作；转向其他人；告知已经收到；向对方重述请求，因此我可以正确理解我需要做什么；然后尽快地执行任务"）。自我管理系统自动记录伊斯特瓦奥遵从同事的工作请求的数量和执行工作任务的类型。每一次他执行了工作任务，他就可以回到电脑，点击应用程序，这个程序会自动记录并绘制他每天完成的请求数量,自动地向父母和福森肯珀女士发送一封电子邮件。完成每个请求之后,他可以获得当晚在家中额外 5 分钟的电脑时间,以及在学校中他可以用来做喜欢的数字工作的时间,还会在他的成绩上加分。

一、制订行为支持计划

除了理解问题行为的功能之外,功能性行为评估的主要目的是增加行为支持计划的有效性和效率。如第三章所述,评估信息收集(如理解行为的功能)和行为支持计划制订之间有一个逻辑性的连接是很重要的。研究表明,基于功能的行为支持干预措施和计划比没有与 FBA 假设联系起来的干预措施可能更有效和高效(Ingram, Lewis-palmer, &sugai,2005; Newcomer &Lewis, 2004)。本章节介绍了**等值性行为分析**(Competing Behavior Analysis,CBA)这个模式和程序,以指导基于功能性行为评估结果设计支持计划的过程。本章节还将介绍在选择干预程序、制订和实施计划过程中应注意的事项。第五章将介绍行为支持干预措施书写、实施和评估的具体格式。

二、制订行为支持计划的四个注意事项

在制订行为支持计划时有四大重要主题:

1. 计划应该表明教师、家庭成员和/或支持人员如何改变他们自己的行为,不应只关注如何改变个体的问题行为。

2. 计划应该直接以功能性行为评估资料为依据(理解行为的功能)。

3. 计划应该有技术基础,也就是说,与应用行为分析的原则相一致,基于最佳实践方式(也称为循证实践)。

4. 计划应该很好地契合实施者的价值观、资源和技能。

(一)行为支持计划描述计划实施者的行为

行为支持计划旨在改变个体的问题行为模式,然而,在实施的过程中,也包括改变教师、家庭成员和工作人员或者其他情境中个体所需要的支持人员的行为。行为支持计划明确了**支持提供者**应该怎么做。支持提供者的行为变化(如调整情境或活动;提供前提支持;对期望的行为给予更频繁的强化;阻断对于问题行为的强化;教授期望行为,如与问题行为有相同功能的替代行为;使用应对技能,如放松或愤怒管理策略和自我管理技能)会引起期望的个体行为的变化。支持

计划可能包括物理环境的变化（重新安排桌子），课表的变化（使用合作学习小组），药物变化（添加针对过敏的药物），计划表的变化（让个体先完成简单的任务，再完成困难的任务），教学方式的变化（使用"无错误学习"）以及期待的结果和问题行为后果的变化。良好的行为支持计划要非常详细地描述针对相关的教师、家庭成员或工作人员所期望的行为变化。再次强调，支持提供者行为的变化将会引起被支持个体行为的变化。

例如，设想一下文诺米拒绝做数学练习题，当教师不断让他去做练习时，他便开始口头攻击。地区行为专家格林伯格先生对文诺米实施了功能性行为评估，并协助制订行为计划。FBA 表明文诺米的拒绝行为和口头攻击行为的功能是逃避困难的任务（数学）。格林伯格先生建议教师调整文诺米的数学练习题，使他从简单的题目开始，当他成功完成时便给予表扬。把较难的问题放在练习题的后面，当他做困难的题目时教师应频繁地检查并给予额外的帮助。当文诺米完成所有的数学题时，教师将会给他提供一次选择他想要的休息活动的机会。工作人员不应在给出最初的指令后还持续让他做练习，而应当他不做练习时，询问他是否需要帮助。这些合理的策略因与行为的功能是相连的，因此很可能有效。它们还包括工作人员的行为变化，因此做数学练习题的任务现在发生了变化。

（二）基于 FBA 的结果制订行为支持计划

功能性行为评估信息应该有助于我们识别教室、家庭或工作场所中会引起问题行为模式变化的特定变化。常常是功能性行为评估已完成，但对于行为支持计划中使用的程序并没有产生影响。如果行为分析和积极行为干预与支持是对环境的设计以促进适当的行为，那么功能性行为评估必须是识别有效环境关键特征的工具。

在促进功能性行为评估结果和行为支持计划之间的连接上，有两个策略被证明是有效的。第一个策略是确保识别问题行为功能的功能性行为评估的结论性陈述，列在行为支持计划中。这些陈述为计划提供了基础，行为支持计划中所有的程序都应该与结论性陈述在逻辑上相一致。例如，如果结论性陈述表明问题行为是为了获得关注，那么干预不应包括可能给予关注的情况（甚至负面的关注）。如果结论性陈述表明问题行为是为了逃避任务，那么应该避免因个体的问题行为而将个体与任务分离（如隔离，这将是对问题行为的负强化）。

第二个策略是建立功能性行为评估结论性陈述的"等值性行为模式"，明确应如何变化行为模式以确保适当行为与问题行为成功"等值"。行为计划不仅应指出个体不能做什么（减少问题行为），还要指出个体应该做什么（增加积极行为）。我们不应该认为如果实施了功能性行为评估，就会出现一个显著的干预计划。通过功能性行为评估结果制订计划这一关键过程是应用行为分析和积极行为干预与支持中所面临的一个主要挑战。本章所介绍的"等值性行为分析"旨在应对这些挑战。

（三）行为支持计划应有技术基础

人类的行为遵循一定的经验原则，任何临床的行为支持都应与这些原则相一致。行为干预与支持不仅仅是一系列的技术（前提和情境事件操作、正强化、隔离、反应代价、代币制），还包括可以用于各种范式的一系列行为原则。强化、惩罚、消退、泛化和刺激控制等这些原则应该作为任何行为支持的技术基础（Alberto &Troutman, 2013）。从功能性行为评估结论的构建到逻辑上支持适应性行为和减少问题行为发生的环境的构建，这一计划都应该使用这些原则。

此外，有技术基础的支持计划应该使用循证的干预和实践（Cook & Odom,2013; Willingham, 2012）。纳入支持计划的干预措施和程序应该有研究或临床应用数据支持它们的有效性和纳入的逻辑性。

设计有技术基础的支持计划并不容易。更糟糕的是，许多行为支持的负责人没有接受过整合和应用复杂行为原则的实质性培训。然而，在大多数情况下，如果让问题行为变得**无关、低效和无效**，行为支持计划是有技术基础的。

1. 致使问题行为无关

积极行为干预与支持计划的开发者应该识别出引发问题行为的这些情境（刺激条件）并且组织环境来减少遇到这些条件的可能性。例如，如果詹森对数学作业很反感是由于无能力解决这些问题，那么应改变任务的复杂性或者要求其完成的作业量，使得以逃避为动机的问题行为变得无关，也就是说数学作业是厌恶的这一特征将不再存在。同样，如果艾琳在一个无所事事的环境中，表现出尖叫和攻击行为是为了获得关注，那么为她制定一个更积极且有趣的日常活动安排表，她的问题行为会变得无关。使得问题行为无关通常包括结构性变化：改变物理环境，丰富环境，改善活动或者课程，提高预见性和个体可获得的选择项。仅仅这些努力可能不会消除问题行为，但是它们会使得支持计划的其他要素更有效。

2. 致使问题行为低效

行为的效率指的是将个体为执行问题行为所需要的身体努力、在强化之前个体必须执行行为的次数（强化的日程表），以及第一行为与强化之间的时间延迟等综合起来的效果。一名学生在教室内发出奇怪的声音被同伴的关注强化了，这就是一个非常典型的高效行为：只在**一**个简单的问题行为之后便很快获得强化物。一个障碍程度较重的年轻人表现出广泛和严重的发脾气的行为来逃避要求，这个年轻人可能做出了一个有效的（获得了远离要求的负强化）但是低效的行为（发脾气需要花费很多努力；需要很多反应；负强化的实现和要求的移除可能需要很长的时间）。功能性行为评估应该识别是什么维持问题行为（如教师的关注，逃避任务，获得喜欢的物品）以及提供可以表明问题行为效率的一些迹象（如努力、日程表、时间延迟）。回想一下，功能评估访谈也会问及有关效率的问题。在可行的情况下，支持计划应该明确一个可供选择的、社会性适当的和**更有效**的方式，帮助个体获得相同强化或结果。可供选择的、适当的行为能作为问题行为的一个更高效的替代。这个概念是功能性沟通训练（functional communication training）（或功能性等值训练）干预方法的基础，长期以来一直是好的行为支持的一般原则。

举个功能性沟通训练的例子。荣一是一个不会说话且通过表现出强烈的攻击行为来获得喜欢的玩具和食物的小男孩。他的攻击行为使他大约有 50% 的机会能获得他想要的物品，但是这需要大量的努力。当教他使用手势发出请求时，他的攻击行为频率降至接近零的水平。通过手势发出请求比抓和打需要更少的努力，而且它们更可能获得成功（80% 的机会对比 50% 的机会），手势见效更快。最终的效果是手势的使用比攻击行为更容易为社会接受，也更高效。

3. 致使问题行为无效

我们发现，即使教给个体替代行为，只要问题行为仍然有效，长期使用问题行为的个体仍然会持续表现出这些问题行为。行为支持计划应最大可能地让问题行为成为获得强化物的无效方式。即使将教授新的、更高效的替代技能纳入行为支持计划中，也应努力消除问题行为。

消退（extinction）包括系统地拒绝或阻止通过问题行为获得先前给予的强化性结果。如果强化物是玩具或者成人的关注，支持计划应该表明如何撤除在问题行为出现之后给予的这些强化物。如果问题行为因逃避要求或困难任务而得到强化，那么消退将涉及确保对这些要求或任务的逃避不跟在这些问题行为之后。许多时候，使用消退的程序都是说起来容易做起来难。在一些情况下，有可能只需要撤除后果，如关注或喜爱。但在其他的情况下，个体可能表现出危险的问题行为，而不能被忽视。对于一些个体，暂时地停止强化，并引导他们表现出新的、替代的沟通反应，这也是有可能的。例如，托德的尖叫和撞头行为可能由逃避高要求的任务所维持。忽视他的自伤行为的做法是不道德或者不实际的。然而，当他表现出问题行为时，工作人员可以暂时阻止他的逃避，教授他以"正确的方式"（口语或手势）要求休息。要求休息还可以让他逃避任务，但是是通过社会性适当的替代形式。不过，这种方法会引发可能的问题，即托德会习得问题行为**链**。也就是说，他可能学会了首先尖叫，其次打自己的头，最后用手势要求休息。这个问题通常是可以避免的，在最初平静的情境中，当问题行为不出现和/或出现在问题行为发生与辅助适当的反应之间短暂的延迟中时，教授托德使用手势。

重要的是行为支持计划应该符合人类行为的基本原则。一般来说，如果计划的要素能让问题行为变得**无关、低效和无效**，那么这点就可以实现。

（四）行为支持计划应该契合实施的环境

行为支持程序应该既有技术基础，同时又能很好地契合程序实施者的价值观、资源和技能。许多不同的行为支持计划可以合理地用于特定情境中的特定个体。计划的目标不是制订一个"完美"

的计划，而是设计既有效又可以实施的计划。设计出技术上非常成功的行为计划，但是发现家庭成员和工作人员不愿意或不能实施这些程序，这也是有可能的。设计出的计划应对家庭成员和工作人员的影响很小，对出现问题行为的个体没有影响。如果这个计划实施起来非常昂贵、费力或者困难，或者计划程序与实施者的价值观或信仰背离，那么当实施者没有忠实地遵守计划的要求时，你也不必感到惊讶。

关于这一点，雷恩的行为计划便是一个很好的例子。雷恩是一个7岁的男孩，有严重的智力障碍。他会通过踢对他提出任务要求的人来逃避困难的任务。这在教他使用手势的教学环节中最常见。他在很多情况下使用手势，但是他发现手势使用过程困难，在手势培训过程中他就会用力地、准确地踢教师的腿。教师最初收到的计划表示课程是适合的，她需要表扬雷恩使用手势，需要忽视踢的行为，不能让他逃避教学活动。教师在前几节课上努力遵循这个建议，但因此而受伤，然后开始发现许多日程表上的冲突，这些冲突阻碍了她今后提供手势训练活动。如果这个行为计划继续实施的话可能会有效果，但是对于教师来说实施的代价太高。修改后的计划关注预防雷恩踢人，并已被证明是更可行和更成功的方法。

如果我们期望行为支持计划可以改变家庭成员和工作人员的行为，那么这个计划需要达成这些目标：

- 契合环境中的自然常规。
- 与环境中人们的"价值观"一致（他们需要表明愿意执行程序）。
- 时间、资金和资源的高效利用。
- 与实施计划的人员的技能相契合。
- 对短期结果（减少问题行为和增加积极行为）提供强化（不是惩罚）。

总的来说，在制订行为支持计划时有四个重要的主题：
1. 清晰地规定实施计划的人员在行为上需要做出的改变。
2. 强调功能性行为评估结果和所采用干预程序的逻辑联系。
3. 符合人类行为的基本原则。
4. 与预计实施计划的人员的价值观、技能、资源和常规相契合。

三、选择干预程序：等值性行为模式

正如我们仔细讨论过，行为支持计划与功能性行为评估结果（例如，问题行为的功能）之间的联系很关键。常见的是，临床医生进行功能性行为评估后，直接撰写行为支持计划报告。我们建议在功能性行为评估完成之后添加一个干预步骤。这一步包括与实施计划的人员建立积极合作，以及使用**等值性行为模式**界定有效环境的特点。然后用这些特点来选择特定策略以构成行为支持计划。我们认为等值性行为模式很有用，有以下几个原因：

1. 增加了干预程序与功能性行为评估结果之间的联系。
2. 增加了干预程序与实施计划人员价值观、技能、资源以及常规之间的契合度。
3. 增加了多成分支持计划中使用的不同程序之间的逻辑连贯性。
4. 增加了计划最终实施的忠诚度。

（一）构建等值性行为模式

构建等值性行为模式包括三个步骤。第一，为每个问题行为的反应类别建立功能性行为评估结论性陈述框架图。第二，识别期望的适当行为和适当的替代行为，这些行为应与问题行为及其后果等值或者替代它们。第三，识别可能的干预程序，通过四类支持策略（即情境事件、前提、行为/教学、后果）促进适当的行为，使问题行为变得无关、低效和无效。关键点 4.1 中总结了这些步骤，后面有具体描述。

关键点 4.1

三个步骤完成等值性行为模式

1. 用框架图表示功能性行为评估结论性陈述。
2. 界定期望的和可供选择的替代行为以及与这些行为有关的事件。
3. 确定并选择干预程序，从而使问题行为变得无关、低效和无效。

第一步：用框架图表示功能性行为评估结论性陈述。绘制功能性行为评估结论性陈述的框架图，只需要从左向右列出结论性陈述中识别的情境事件、前提（立即预测因素）、问题行为和维持性后果。例如，通过功能性行为评估，我们发现当呈现困难的学业任务（尤其是要求大声朗读）时，安奇娜会表现出逃避行为（与教师顶嘴、撕毁练习题、离开教室），特别是前一天晚上睡眠时间少于 4 个小时的时候。逃避学业任务维持了问题行为（负强化）。因此，安奇娜的 FBA 结论性陈述是："当安奇娜睡眠时间少，并被给予困难学业任务的时候，她会出现逃避的行为，逃避学业任务从而维持了问题行为。"这个结论性陈述中事件的顺序如下图所示。

情境事件	前提 （预测因素）	问题行为	维持性后果
睡眠时间 少于 4 个小时	呈现困难 学业任务	顶嘴 撕毁练习题 离开教室	逃避任务

在下面的图中，用箭头呈现了陈述。注意，这些箭头用来强调时间顺序。

睡眠时间少于4小时 → 呈现困难学业任务 → 顶嘴 撕毁练习题 离开教室 → 逃避任务

思考另一个案例，12岁的学生马琳在她七年级生物课上频繁地大声说话。功能性行为评估表明同伴的关注维持了她的大声说话，当她在当天早些时候经历了与同伴之间消极的社交互动时，大声说话发生的可能性会增加。结论性陈述是："当马琳经历了消极的同伴社交互动时，她会在生物课上大声说话，试图获得同伴的关注。"框架图如下所示。

消极的社交互动 → 生物课 → 大声说话 → 同伴关注

还有一个案例，23岁的菲利普伴随严重的智力障碍，经常长时间坐在卧室角落里，前后摇摆，并用右手大拇指轻弹他的上唇。功能性行为评估确定没有"较远的"情境事件会影响他的摇晃和轻弹，也似乎没有任何相关的事件能预测摇晃和轻弹。起初，工作人员认为菲利普表现出摇晃和轻弹的行为是为了获得身体感觉。然而，使用功能评估观察表后他们发现了两个模式。一个是当菲利普没有结构化的活动时更可能出现摇晃和轻弹的行为；另一个是菲利普使用摇晃和轻弹作为一种"焦虑"反应。当工作人员发现菲利普摇晃是焦虑的表现时，便开始坐到他的身边，安慰他。这使得工作人员定义维持菲利普摇晃和轻弹的三个可能功能：（1）寻求身体感觉；（2）回避无聊；（3）获得工作人员的关注。当行为在单一的情境中存在多个功能时，我们发现为积极行为干预选择**最大功能**（the most powerful function）最有益。在这个案例中，工作人员将"获得工作人员的关注"作为问题行为的最大假设功能。针对菲利普的结论性陈述是："当没有结构化的活动时，工作人员的关注维持了菲利普的摇晃和轻弹行为。"结论性陈述的框架图如下。

| 未识别 → | 未从事活动 → | 摇晃
手指轻弹嘴唇 → | 获得工作
人员的关注 |

现在，请您想一想曾共事过的某个人，对于这个人，你认为你能为其识别较远的情境事件、立即预测因素、问题行为和维持性后果。将这些信息连在一起形成一个结论性陈述，并写在下面的横线上。

_____

_____

在图 4.1 提供的空白处写出结论性陈述。包括用箭头表示事件的时间序列。

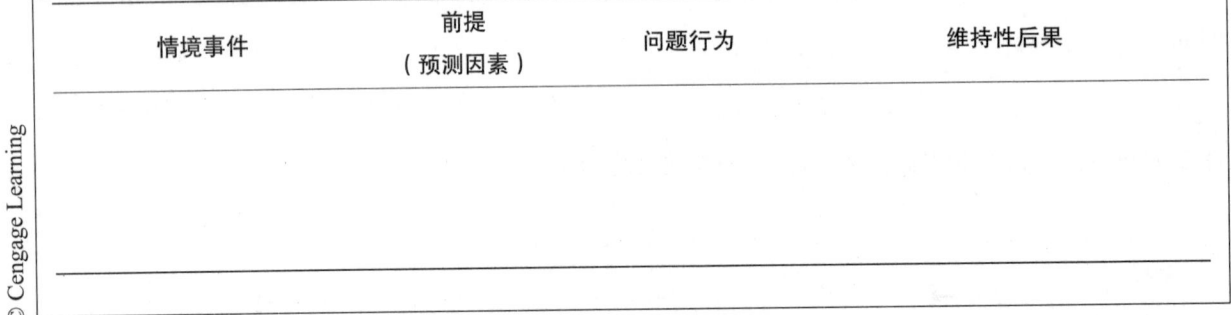

图 4.1　结论性陈述框架图

第二步：界定期望的和可供选择的替代行为以及与这些行为有关的事件。**有效积极行为支持的一个基本原则是在没有识别个体应该表现出的可以替代问题行为的可供选择的、积极的行为之前，不应该提出减少问题行为的建议。**支持计划应该设定减少问题行为与增加期望行为并举的目标。关注这两个焦点有助于清晰识别与问题行为等值的行为或行为路径。这可以通过两个问题来实现：

1. 假定情境和前提（预测）事件已经发生，您期望在该情况下个体表现出哪些适当的行为（即您想要个体出现的期望行为）？

2. 假定情境和前提（预测）事件已经发生，在社交上适当的、与问题行为产生相同后果的"功能性等值"的替代行为是什么？

将对这些问题的回答添加到如图 4.2 所示的等值性行为模式中。注意，对于期望行为，维持该行为的后果也要识别。该模式用框架图举例说明了期望行为的后果与问题行为的后果在情境中是等值的。

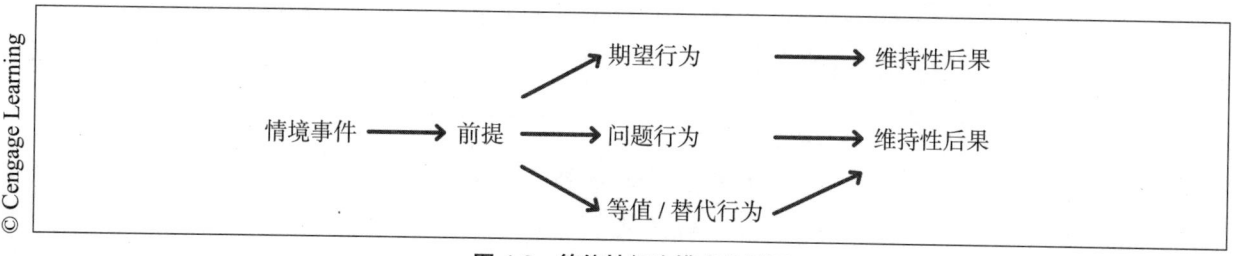

图 4.2 等值性行为模式扩展图

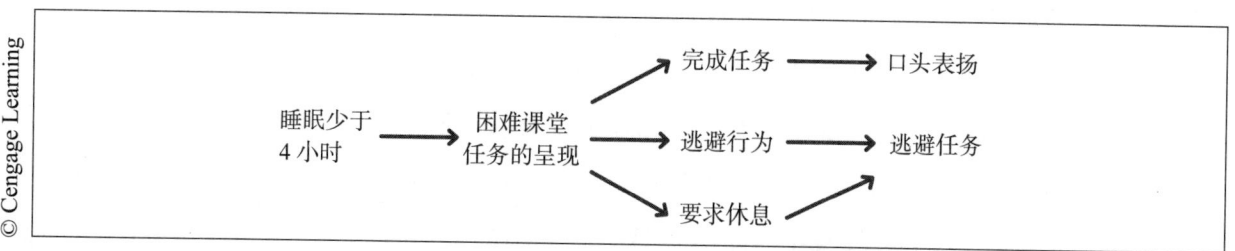

图 4.3 安奇娜的等值性行为模式扩展图

回顾安奇娜的案例，当给予她困难的学业任务时，她会出现逃避行为，期望行为是完成学业任务。但是当问到在安奇娜完成学业任务时会发生什么时，她的教师回答她通常会得到一些口头表扬，并且常常要求她完成更多的学业任务。当问到哪些等值的行为可能是适当的时候，教师的最初反应是没有可接受的等值的反应。进一步讨论之后，她赞成如果只有几分钟的话，安奇娜要求休息一下进行非学业的任务（为教师准备材料、将笔记送到办公室、接一杯水）是一个可以接受的反应，同时也能产生让她逃离学业任务的结果。在安奇娜的等值性行为模式框架图中加入期望行为（完成学业任务）、等值行为（要求休息）和各自的后果，如图 4.3 所示。

现在，安奇娜的等值性行为模式呈现了功能性行为评估的结论。对于期望行为（完成学业任务）教师只提供了最小的积极后果；安奇娜没有可以让她逃离学业任务的等值性技能，如要求休息。该模式也表明困难的学业任务对她来说是厌恶的。当安奇娜面对这些学业任务时，它们唤起了她的逃避动机行为。如果安奇娜累了（前一天晚上睡眠时间少于 4 小时），困难的学业任务更可能产生这种效应。这个结论提供了大量的信息，而对安奇娜设计有效的环境正需要这类信息。

还有一个建立等值性行为模式的例子是关于马拉的。马拉是一个 8 岁女孩，家庭生活很困难。她未被鉴定为有任何障碍，但是与二年级的教师不断发生冲突，表现为大声喊叫、发牢骚、拒绝写作业、不服从和发脾气。马拉的功能性行为评估表明当她与教师或小组中其他学生一起共事时，她的问题行为不太可能出现。她的问题行为表现出一类行为的功能（即它们有着相同的功能，由相同的后果维持），在要求她独立完成课堂作业 2~3 分钟之后最可能发生，教师的直接关注（积极关注或是负面的关注）维持了行为。由于与马拉的家人缺乏一致性的沟通，所以很难识别较远的情境事件。马拉的评估信息框架图如图 4.4 所示。

图 4.4　马拉的评估信息

完成等值性行为模式包括首先确定对于马拉，期望（或积极）行为是什么。在案例中，工作人员期望马拉持续进行任何活动。而持续进行活动的后果很可能是更多相同的活动和更少的关注。等值的反应是口头要求教师的反馈或者帮助，以获得教师的关注。这是马拉可以做的，但是她没能有效使用这一技能。图 4.5 呈现了马拉的完整等值性行为框架图。

在建立等值性行为模式时，将会出现如下情况，即与问题行为具有相同功能的适当的等值替代行为可能难以识别。我们的经验是即使在这些情况下，该模式仍有助于制订有效的支持计划。例如，马琳的七年级生物教师对于马琳在他的生物课上获得同伴关注的替代行为不感兴趣。图 4.6 呈现了马琳大声喊叫等值性行为模式框架图。

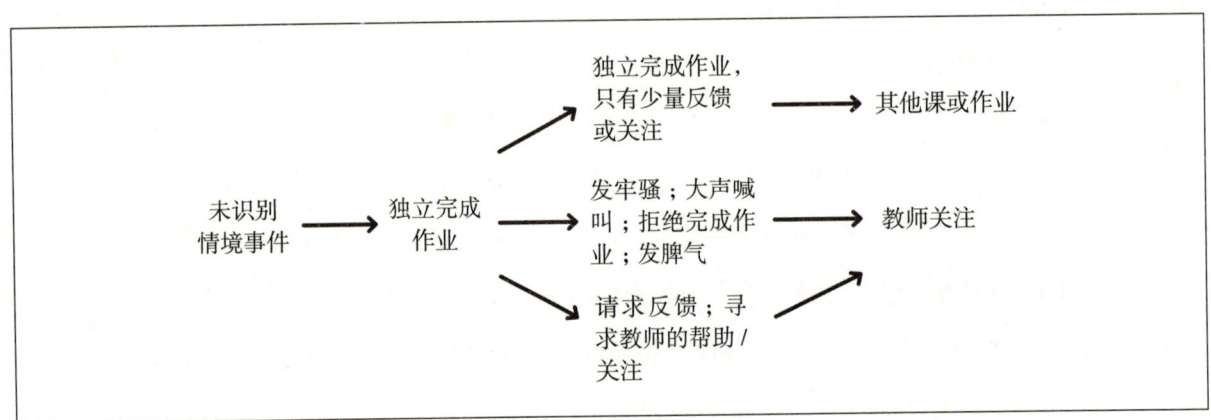

图 4.5　马拉的等值性行为框架图

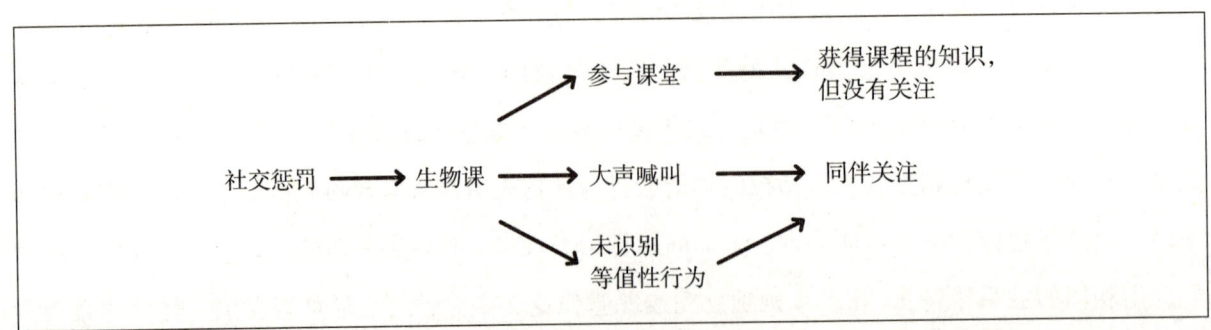

图 4.6　马琳的等值性行为模式图

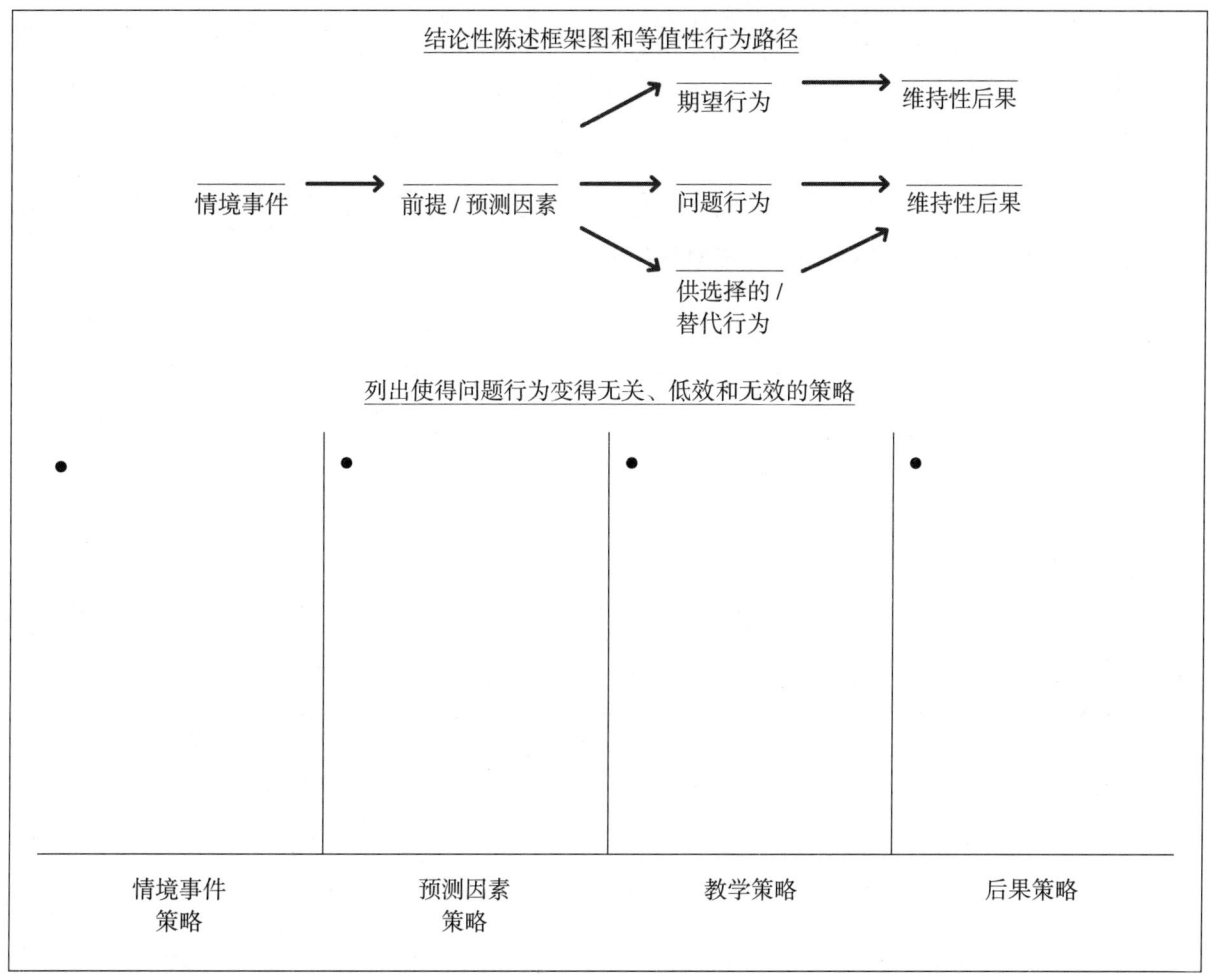

图 4.7　等值性行为模式表

现在，回到您为熟知的个体和情境所建立的功能性行为评估框架图（图 4.1）。复制图 4.7 顶部的结论性陈述框架图（附录 F 中提供了一个空白的表）。确定所"期望"的适当行为，并写在您的框架图中问题行为的上方。想一想当个体表现出期望行为的时候，通常会出现什么后果，然后列在维持性后果中。完成之后，确定一个社交上适当的等值替代行为，这个行为应与问题行为有着相同的后果（如有着相同的功能），比问题行为更容易、更高效。将替代行为写在问题行为的下方。现在您已经完成了建立等值性行为模式三个步骤中的前两个步骤了。

第三步：确定并选择干预程序。制订积极的行为支持计划的目标不是指定一个单一的技术方法（如隔离）以期望消除问题行为，而是促进情境中一系列的改变，以减少问题行为发生的可能性，增加替代的适当行为发生的可能性，并契合程序实施者的价值观、资源和技能。

再次强调，支持计划的目的是使问题行为变得无关、低效和无效。这样做很可能需要一个多元的支持计划。

制订行为支持计划的一种常见方法是从问题行为的后果入手（如当安德烈粗鲁地对待教师或者其他人员时，立即将他带到办公室）。然而，我们发现从后果入手有时会导致过多关注计划中的这个部分，包括过多地使用依赖惩罚减少行为的干预程序。以下是我们的建议。

1. 将实施行为支持计划的人员召集在一起。由熟悉的人和提供支持的人以及实施支持计划的负责人提供信息资料、建议和反馈是很重要的。

2. 用框架图表示等值性行为模式，审查该模式的逻辑性和结构。对于功能性行为评估的结论性陈述，尤其是关于问题行为的功能的意见应该基本一致。

3. 从较远的情境事件入手，识别能使这些事件更少可能出现或更少产生影响的任何变化。改变情境事件能使问题行为变得无关。在图4.7等值性行为模式中情境事件策略纵栏里列出您的想法。

4. 接下来关注立即前提的改变。立即前提的哪些改变能使问题行为变得无关？考虑以下因素：每日日程表，辅助或协助的等级水平，指令是如何发出的，课程或者任务或活动特征，完成工作的分组，当任务开始和即将结束时提供更具体的信息，缩短任务的长度，使任务与个体更相关，在困难任务中穿插简单任务，提供适当行为的预纠正，使期望行为变得更清晰。在图4.7中预测因素策略纵栏里列出潜在的前提的改变。

5. 列出教授和促进期望和替代行为的策略。是否需要教给个体期望行为或者等值的替代行为？记住，知道如何执行一个技能是不够的。因为技能是有功能的，个体还要知道何时执行该技能。我们经常认为，由于个体已经显示了具备某一行为的能力，他们将会在所有适当的情况下使用这种行为。例如，特里·林恩可能知道如何与权威人物（教师和管理人员）适当地打招呼，有时候会这样做，但是有时她不会这样做（这会让她陷入困境）。

可以假设个体在某些情况下没有使用积极行为是因为他选择不用，而不是因为从没有教给他在该情况下行为的功能。我们的目标是识别我们可以教授个体的比问题行为更高效的新行为。教学应该关注如何执行这些行为和如何辨别何时新的行为是适当的。例如，梅伊卡尔是一名ASD学生，在三年级的班级中接受融合教育。当没有人关注梅伊卡尔超过10分钟，她会变得焦虑，开始发出奇怪的声音，然后躺在地板上。尽管梅伊卡尔知道如何通过举手获得关注，但是当她如此做的时候，教师并不总是回应她。因此，对于梅伊卡尔来说，发出噪声和躺在地板上是获得教师关注更高效的方式。在这种情况下，融合教育专家波斯特女士让梅伊卡尔举起一张专门的卡片，告诉教师在这个时候要迅速地关注她并表扬她使用卡片的行为。

教授积极技能（学业或社交）可能是我们能掌控的最强有力的积极行为干预，认识到这一点非常重要。在许多情况中，有效减少问题行为的关键是有效地教授新的行为。学会如何通过使用系统的教学程序开展教学是非常有益的。这包括用于选择和按顺序呈现教学情境和机会的指南，用于呈现教学细节和例子以便传达明确信息的程序，小组教学（大或小）和个别化教育（一对一）的情况，表扬和强化正确的反应，纠正错误（或在适当的时候忽视它们），评估错误模式来调整指令。

在您的等值性行为模式（图 4.7）中教学策略纵栏里列出教学建议。

6. 检查如何改变后果使得积极的期望行为更可能成为等值的行为路径。重要的是认识到通过后果（强化或惩罚）行为是增加了还是减少了。您强化的是个体的行为，而不是个体。首先考虑通过问题行为获得的强化物的大小。如果是逃避了一个不愉快的事件维持了问题行为（负强化），考虑逃避事件可能的价值。记住，跟随行为之后的事件产生的强化或惩罚的程度不同。人们对于不同的事情喜欢或不喜欢的程度有很大的差别。事件可以具有极大的强化、轻度的强化或者不强化的作用，强化物的价值也是在不断变化的。非常重要的是要确保适当行为的强化物要等于或者超过问题行为的强化物。例如，费尔南多可能发现教师的关注是轻度的强化，而同伴的关注可能是极大的强化。因此，如果费尔南多为了获得同伴的关注表现出行为，教师可能试图对他的适当行为提供更多的关注，但是教师的关注可能不够强大，没有超过同伴对问题行为的关注。

相较于期望行为，如果问题行为产生了更强大的强化物，可以考虑两个策略。第一个策略是增加与期望行为相关的强化物的价值（如通过使用代币制）。第二个策略是减少针对问题行为提供的强化物的价值（扣除强化物或者添加惩罚，如代币制中的反应代价）。目的是使问题行为在实现行为的功能方面变得无效。考虑一下如何改变问题行为与期望行为的等值后果，帮助期望行为成功获得等值效果。

在等值性行为模式（图 4.7）中后果策略纵栏里列出您的建议。

现在，实施干预的团队已经了解了需要对环境做出哪些可能的改变。可以进行一些结构性的改变：改变物理环境，改变药物，调整日程表。其他的改变会直接关系到工作人员如何表现：改变如何呈现任务的方式，如何传达纠正或训责，使用什么强化物。改变可能包括通过教学加强期望行为，或者提供一个可供选择的替代行为。现在让团队人员识别这些想法中哪些是他们认为"可行的"。与团队成员一起确定以何种具体的方式实现日程安排的变化、教学的变化以及其他变化。记住，往往小细节是制订功能性的（起作用）和可持续的（能实施）支持计划的关键。

图 4.8 介绍了马拉的等值性行为模式，之前描述过马拉是一名学生，当她没有得到教师关注时，会表现出发牢骚、大声喊叫和拒绝完成作业的行为。查看图 4.8 中马拉的教师建立的等值性行为模式。

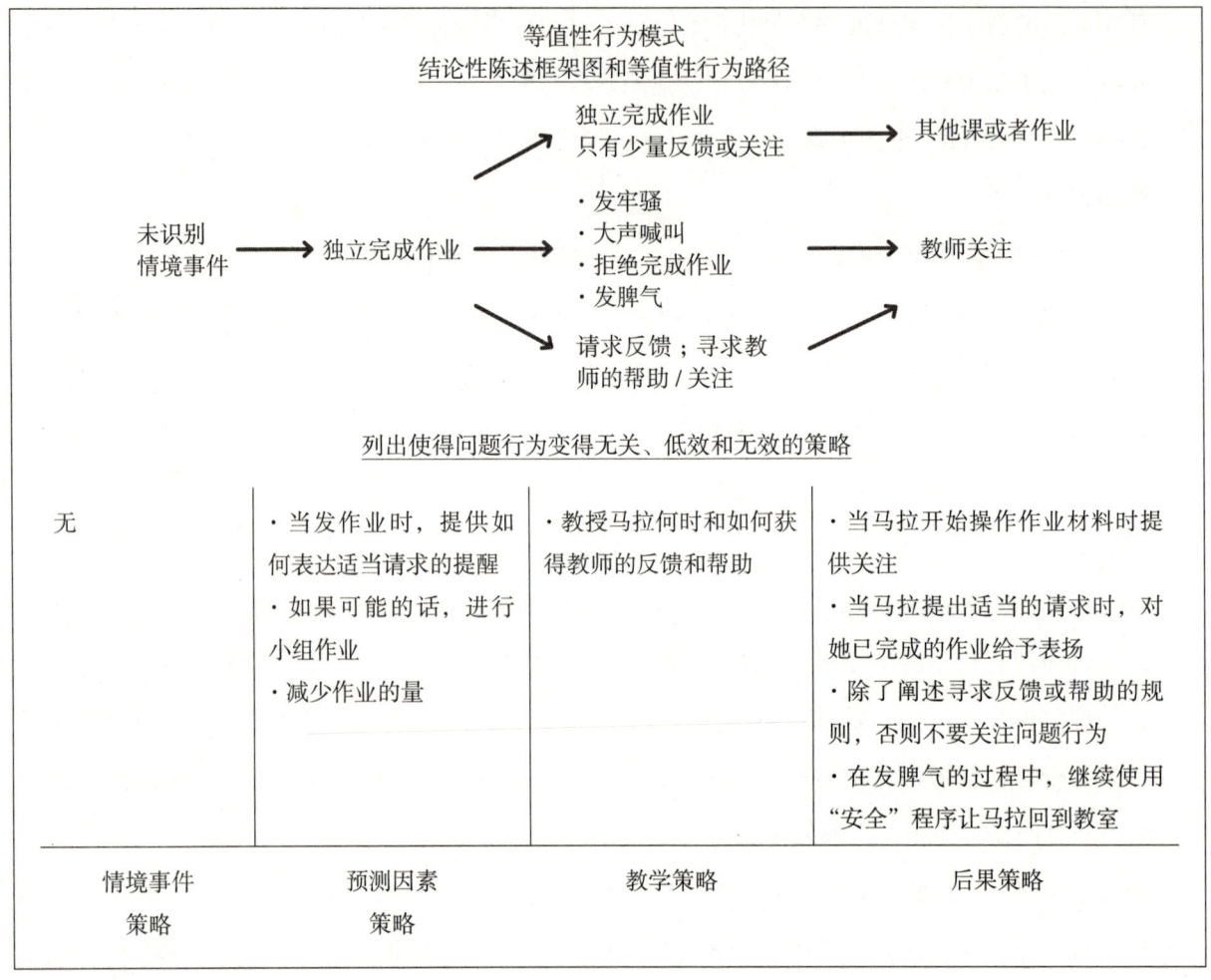

图 4.8　马拉的等值性行为模式和干预策略

下面介绍了用等值性行为模式提供行为支持的另外三个例子。每一个案例开头都简单介绍了个体和评估的背景。查看这些例子，注意每一个等值性行为模式是如何解决不同的问题的（如未识别的期望行为、未识别的等值性行为）。在附录 F 中提供了等值性行为模式的空表。干预团队可复制这个表格用于真实情境。

（二）埃丽卡的等值性行为模式

埃丽卡，11 岁，被诊断有重度智力障碍。她通过单个字词与其他人沟通，但是接受性语言较好。埃丽卡有强有力的家庭支持，就读于普通的五年级，并有同伴导师和融合教育专家的支持。融合教育专家提供班级合作教学，也帮助埃丽卡和班级的其他学生适应课程。埃丽卡的学校项目的主要优势是她与非障碍同伴建立的强大的社交关系。然而，有一个问题是在完成作业期间，当埃丽卡应该自己写作业时，她发出很大的噪声（说话），离开座位，与其他学生互动。教师认为这种行为对班级常规具有非常大的破坏性。教师的评估显示问题行为是由获得同伴的关注所维持，如果埃丽卡独立写作业，长时间没有同伴接触，问题行为最有可能发生。埃丽卡的教师、融合教育专家和她的父母制定了等值性行为模式，如图4.9所示。

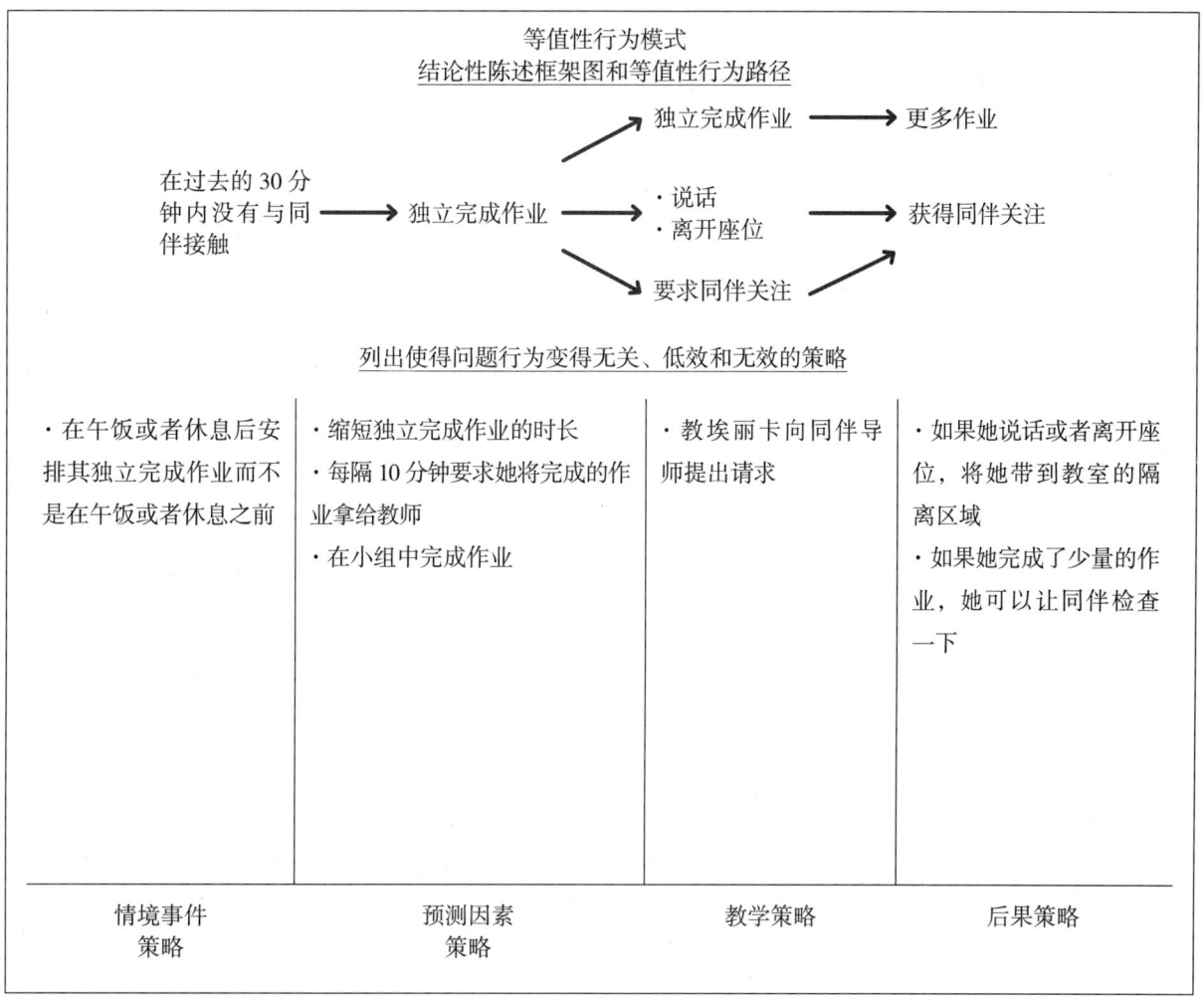

图4.9 埃丽卡的等值性行为模式和干预策略

（三）康奈尔的等值性行为模式

康奈尔非常可爱。他6岁了，被鉴定为存在多种障碍，包括孤独症和重度/极重度智力障碍。康奈尔不会说话，他似乎明白与别人的不同。康奈尔频繁地用右手腕拍（打）他的右太阳穴。这个动作很有节奏性和一致性。当康奈尔在情境中没有结构化的活动时，他打头的行为最常见。如果在来学校之前没有服用药物，他打头的行为也会增加。康奈尔的教师寻找维持他打头行为的不同因素，得出结论认为行为只是由打头产生的自动效应所维持，也就是说，打头可能对康奈尔产生了某种积极的影响。康奈尔的等值性行为模式如图4.10所示。

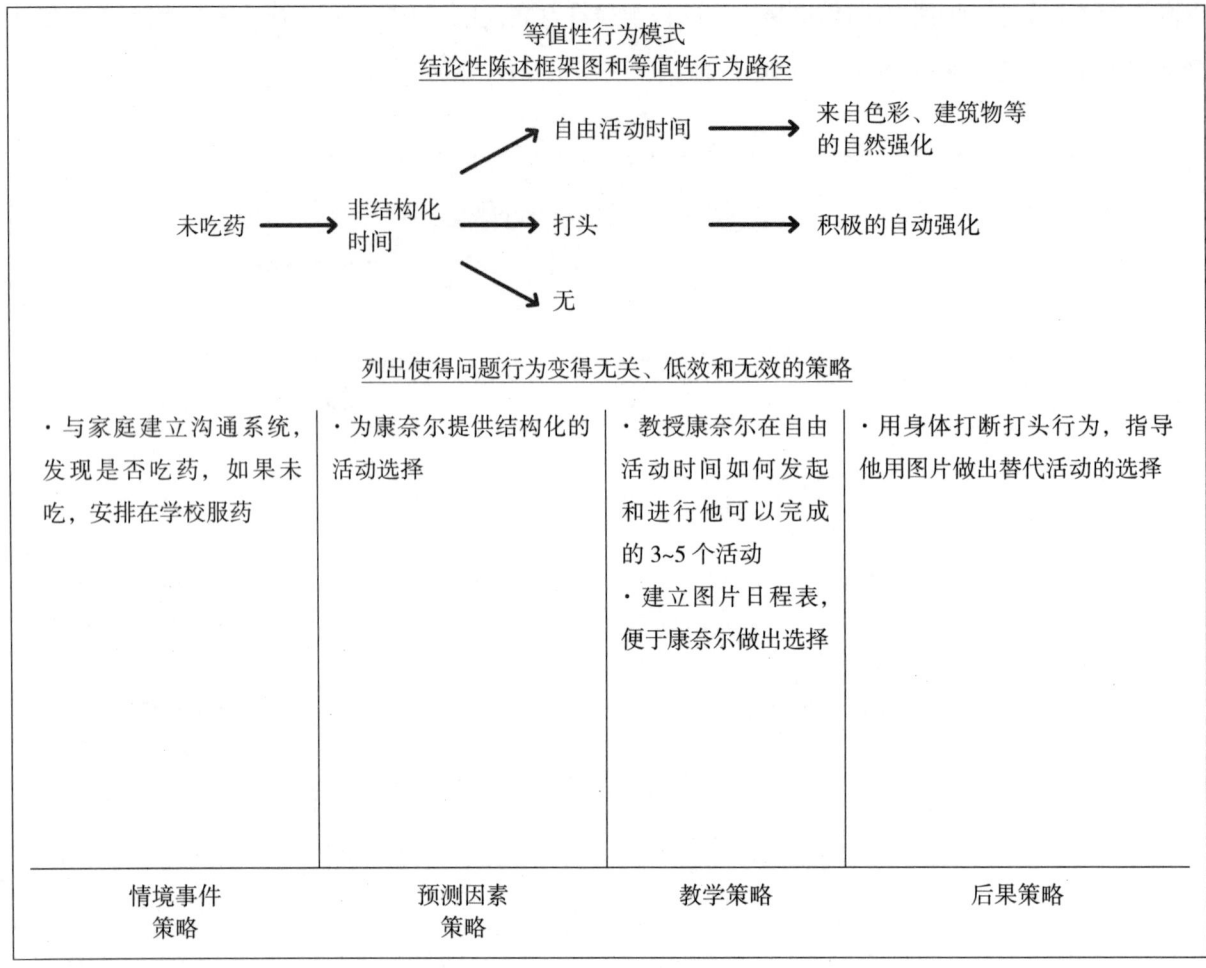

图4.10 康奈尔的等值性行为模式和干预策略

（四）斯图尔特的等值性行为模式

斯图尔特，12岁，是所在七年级班上的"万人迷"。他个子高高的，长得很帅气，有语言，在班上处于B级和C级水平之间。斯图尔特没有障碍，但是在过去的三年里，他在学校里因为打架面临越来越多的困难。每两周左右便出现一次打架。两个月前，他重伤了另一名学生，他也因多次划伤和擦伤自己而接受治疗。在斯图尔特所在的中学里，他是老师们关注的重点。根据与教师的讨论、打架后斯图尔特向副校长做出的口头报告以及初步的观察，发现当斯图尔特对另一个学生的言行感到生气时，便开始打架。斯图尔特先发出口头威胁，但通常会被其他同学反击。接着引发了肢体的冲突，双方都认为是对方"挑起"的。当斯图尔特报告在家庭中也有冲突时，这种循环似乎更有可能发生。他的等值性行为模式如图4.11所示。

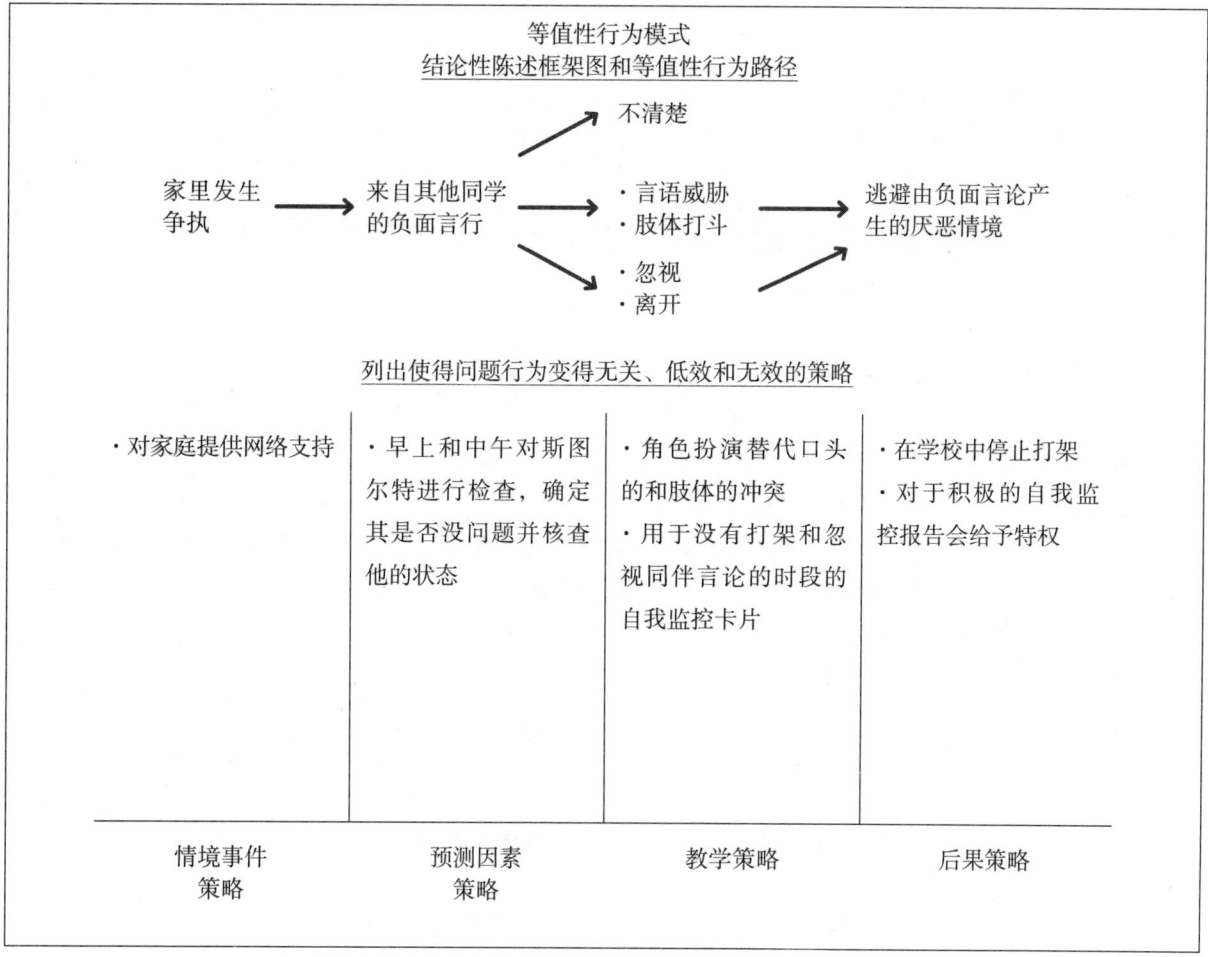

图 4.11　斯图尔特的等值性行为模式和干预策略

（五）柯蒂斯的等值性行为模式

作为等值性行为模式的最后一个实例，我们重新回到柯蒂斯的案例。回想一下为柯蒂斯总结的并通过直接观察得到验证的三个结论性陈述：

1. 当要求柯蒂斯完成困难的或者不喜欢的数学或者阅读任务时，他会大声喊叫和/或扔东西来逃避任务。

2. 当柯蒂斯想要同伴的玩具或者物品时，他会掐和/或抓同伴，迫使同伴把玩具给他。

3. 在小组工作或其他较少受关注的情况下，柯蒂斯会喊教师的名字和/或敲/拍桌子试图获得关注。

图 4.12、图 4.13 和图 4.14 介绍了与这些陈述相关的等值性行为模式和干预策略。注意，当确认了多个结论性陈述（不同情境中不同的功能）时，要给每一个结论性陈述建立一个等值性行为模式。整个支持计划通过多个等值性行为模式形成了一个综合策略。

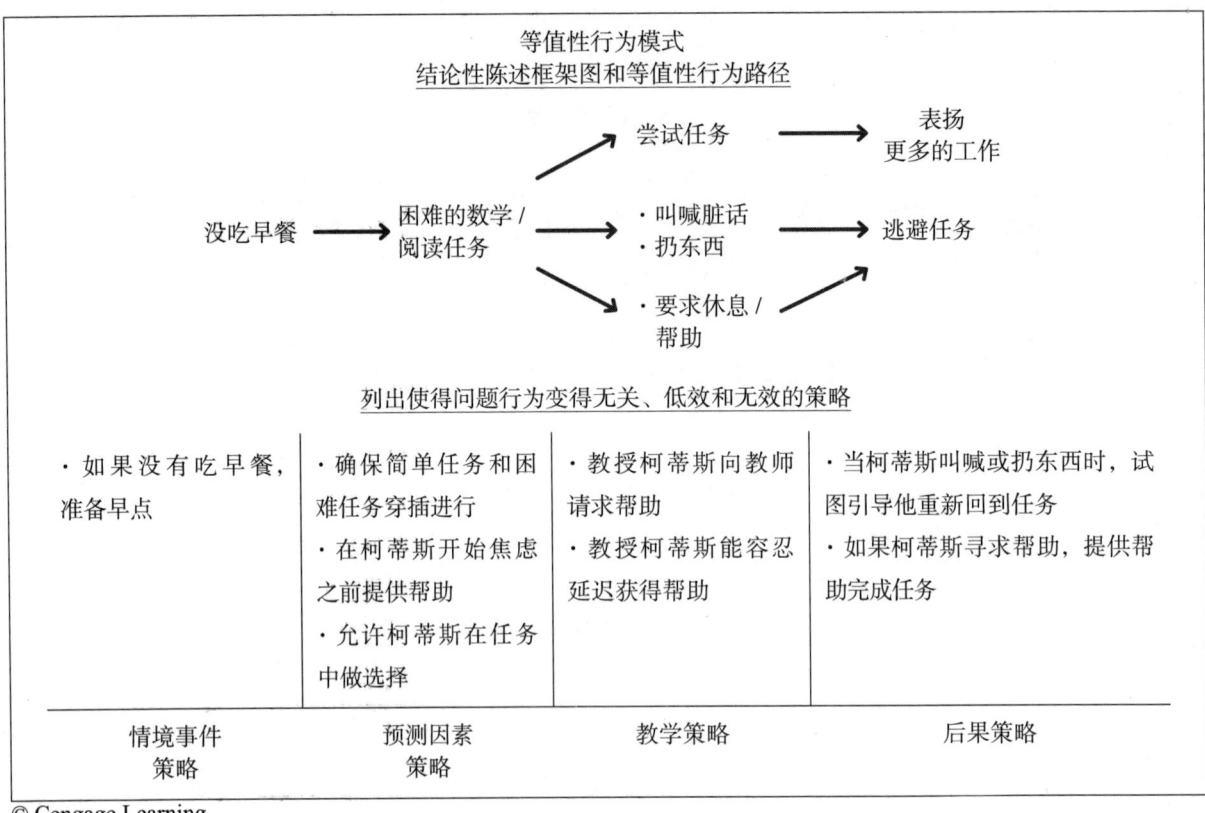

图 4.12 柯蒂斯的等值性行为模式和干预策略：叫喊和扔东西

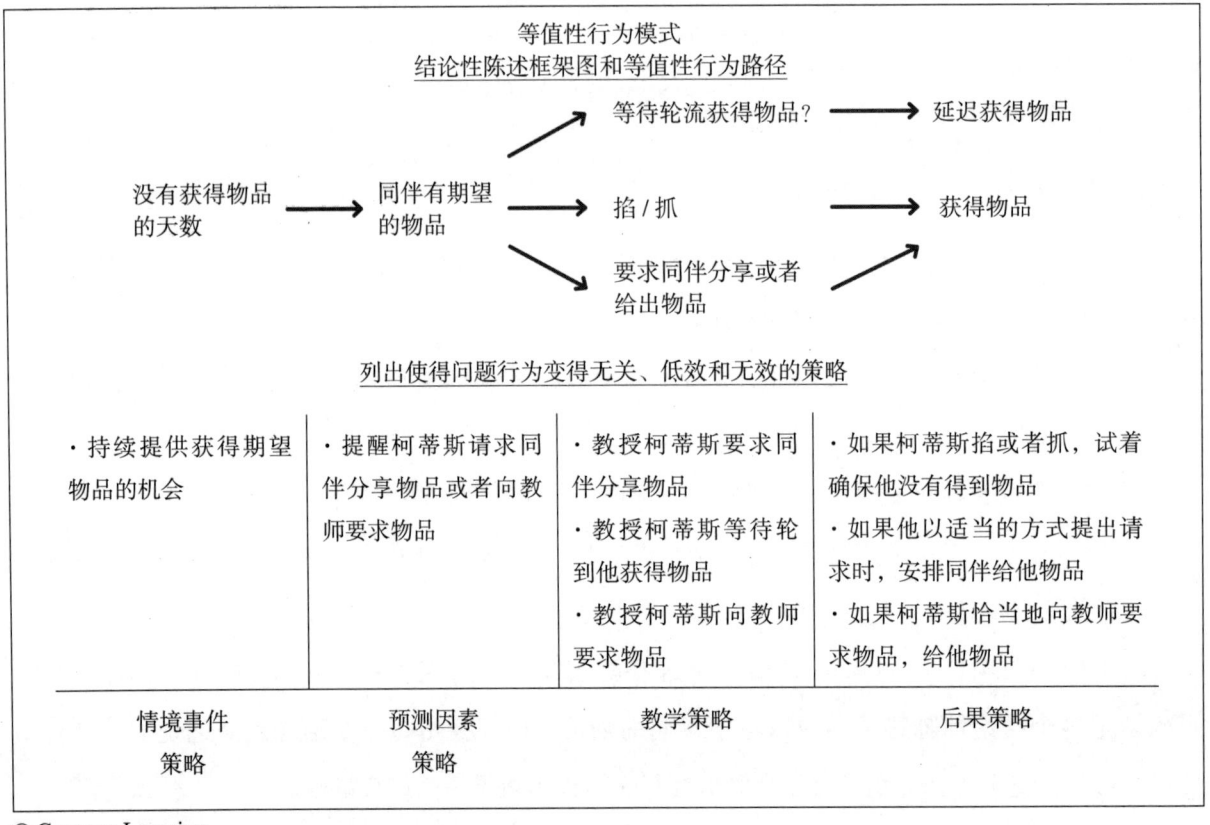

图 4.13 柯蒂斯的等值性行为模式和干预策略：掐和抓

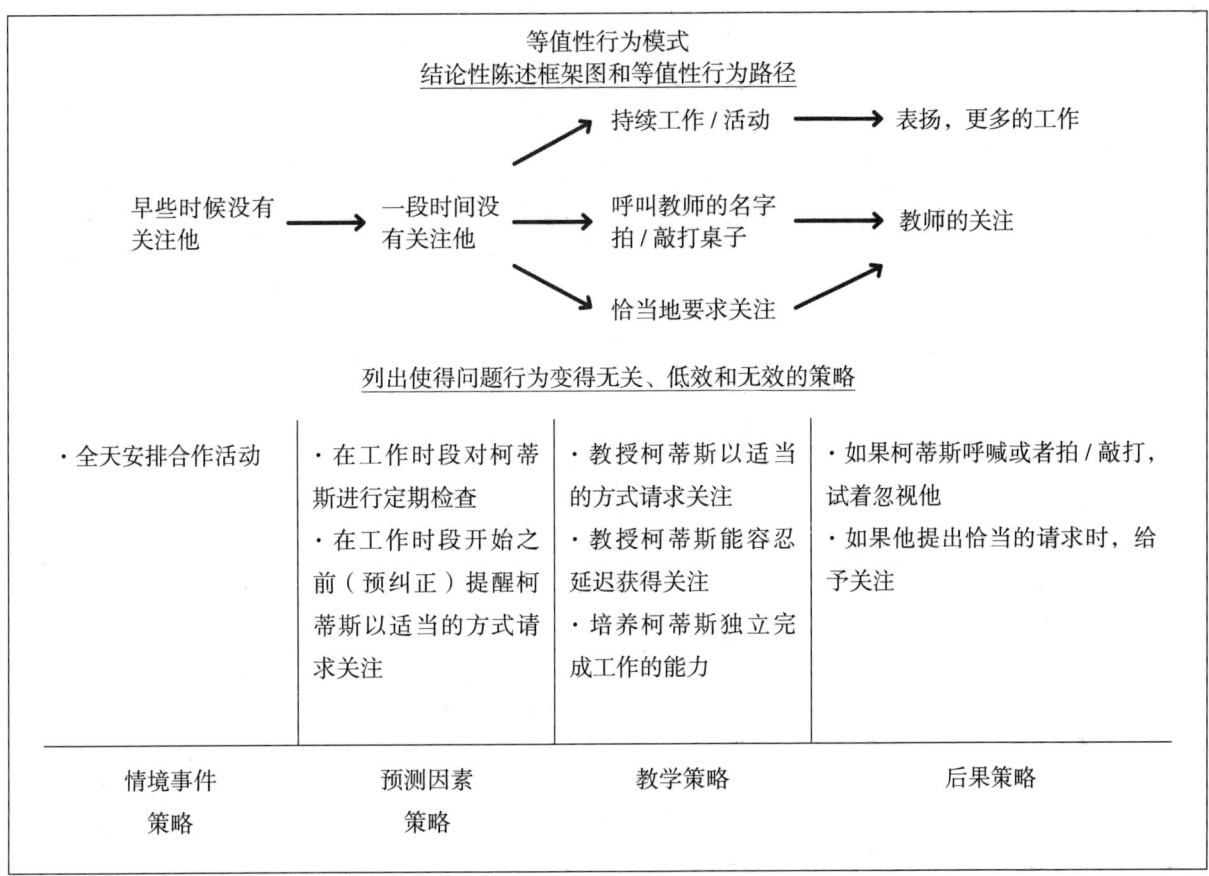

图 4.14 柯蒂斯的等值性行为模式和干预策略：呼叫、拍和敲打

第五章　撰写行为支持计划

世界之窗　案例一

　　回到基兰的案例，我们在第二章的开头案例一中介绍的四年级的10岁男孩。基兰所在学校的特殊教育教师华盛顿女士完成了计划进行的功能性行为评估，访谈了基兰的教师马丁内斯女士、助教沃克女士和基兰的母亲。基兰短暂地与母亲坐在一起接受访谈，但是他变得焦躁不安，之后离开去玩耍了。华盛顿女士还使用了FAOF在教室中对基兰观察了几个时段，包括整个班级的课程、小组活动和独立课堂作业。由于他的母亲没有报告基兰在家中的困扰，并认为不需要家庭干预计划，所以没有在家中观察基兰。基于此，做出了将基兰的行为支持计划的重点放在与学校有关的问题上的决定，与此同时，如果需要，基兰的母亲将参与计划的制订实施过程，这一点也取得了他母亲本人的同意。在综述访谈信息后，华盛顿女士会见了马丁内斯女士、沃克女士和基兰的母亲以审核FBA的调查结果和对于问题行为功能的结论性假设。她的假设结论是：

　　当基兰参与集体活动或者被要求在课桌上独立完成课堂作业时，为了获得教师和同伴的关注，他会不听指令、不完成作业、玩学习材料和/或者分心，或对同伴发表粗鲁的评论。如果在活动或者课堂作业之前获得了很少的教师或者同伴关注，这些行为就更容易发生。

　　华盛顿女士指出她对于自己的假设结论很有信心，而且在这个结论的精确性上小组成员已达成共识。

　　华盛顿女士接着就以这个假设结论为基础与小组成员建立了等值性行为模式框架图。她从班级的工作人员那里获得有关期待基兰在集体活动和独立课堂作业时段表现的期望行为的信息，以及如果基兰做了这些后一般能获得的后果。她还寻求有关基兰可以做的、潜在的可供选择的替代行为信息，这些替代行为可以获得同伴和教师的关注。马丁内斯女士和基兰的母亲认为他可以学会自我管理行为，并能从自我管理干预中大大获益。这个过程形成的等值性行为模式框架图如关键点5.1所示。

关键点 5.1

基兰的等值性行为模式

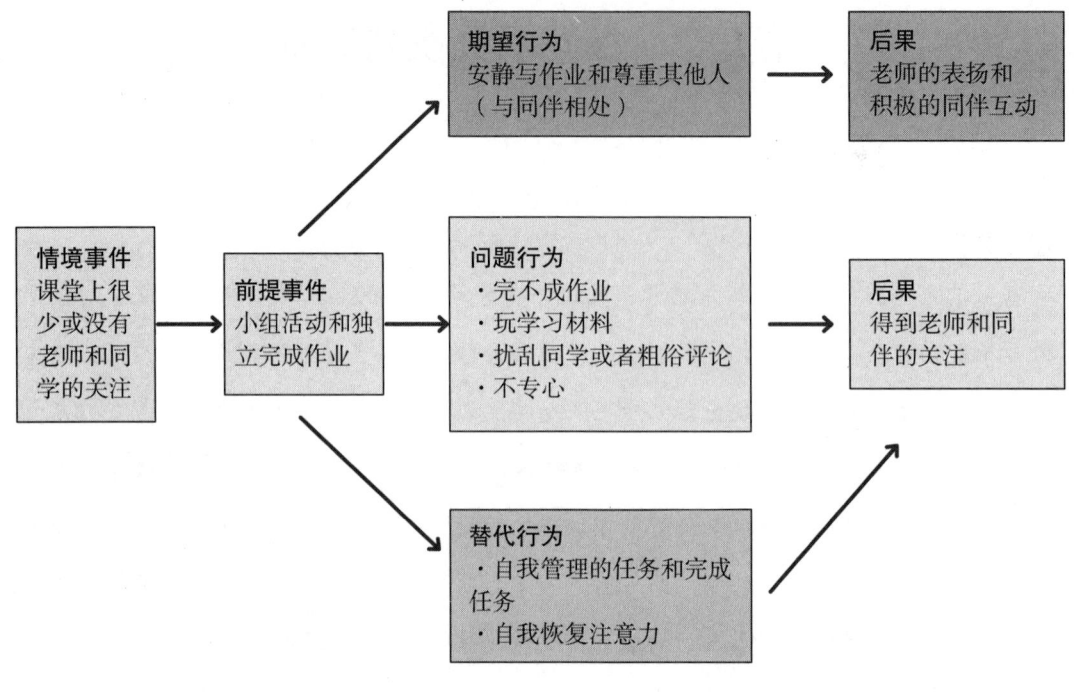

该小组一致认为接下来制订支持计划的步骤如下：

1. 有行为支持经验的华盛顿女士要确定潜在的情境事件、预测因素和后果干预策略，完成等值性行为模式（CBM）表（参见图 4.7 CBM 空白表格）。

2. 华盛顿女士和马丁内斯女士要安排一个工作会议来确定在课堂上实施的策略。

3. 马丁内斯女士要与基兰的母亲会面，与她分享计划策略，并得到她作为父母的意见反馈和认可。

4. 华盛顿女士要使用地区的行为支持计划（BSP）表形成一个书面计划，并附上列出实施策略的完整 CBM 表。

5. 召开 IEP 会议以批准 BSP 作为基兰 IEP 的一部分。

关键点 5.2 呈现了附于基兰的书面计划中的一份完整的 CBM 表副本。

关键点 5.2

行为支持计划：基兰的等值性行为模式

姓名：基兰

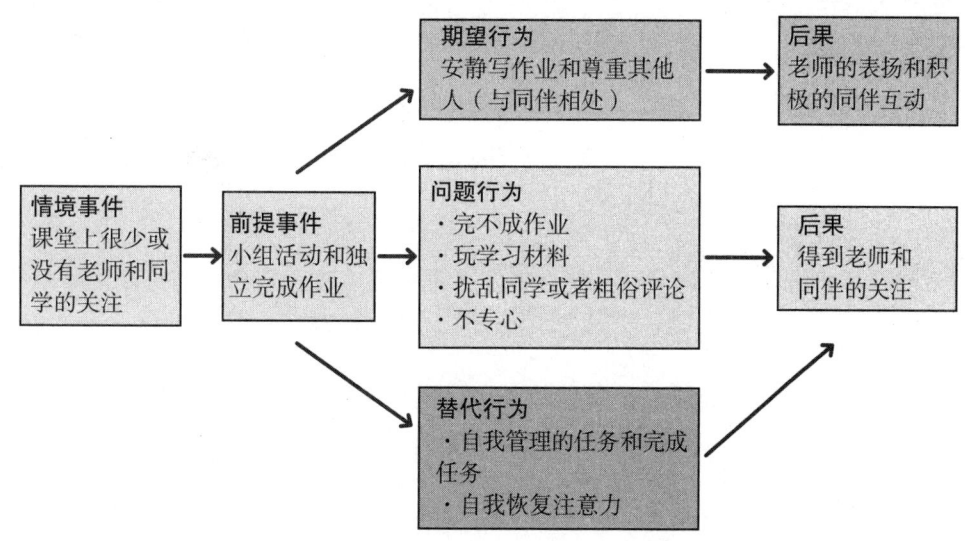

列出使得问题行为变得无关、低效和无效的策略

情境事件策略	预测策略	教学策略	后果策略
向家庭（母亲）发送每周进展报告，母亲对其在校的进展状况在家给予特别关注	提醒带着自我管理卡片和计时器 自我管理卡片上有三个加号后，提醒举手来获得教师的关注 在活动和独立写作业之前提醒安静写作业和尊重同学	教授自我管理程序： 1. 坚持任务 2. 完成作业 3. 尊重其他人 4. 三个加号后可获得教师的关注 5. 如果需要的话，请求帮助	当计时器响时，做得好，可以自我奖励（加号） 做得好时，教师表扬 自我管理得到同学认可时，可获得小贴纸一枚 作业完成后，获得额外的自由时间

世界之窗　案例二

特雷弗是一个可爱、有感情并聪明的 5 岁男孩，他和他的家人（父母、哥哥、妹妹和弟弟）住在一起。他伴随发育障碍，这影响了他的语言发展和学习。他在家和学校中有许多问题行为（包括攻击、发脾气、破坏行为、大喊大叫、抢夺其他儿童的玩具），针对此建立了一个行为支持小组，由他的父母、幼儿教师、早期干预专家、言语和语言病理专家和行为专家组成。特雷弗的功能性行为评估显示这些行为有三个功能：从成人和其他儿童那里获得负面的关注，在成人的帮助或者指导下获得积极的关注，获得他想要的物品（玩具）。预测他的问题行为的事件是游戏室内没有成人在场（独自玩耍），其他儿童玩自己想要的玩具，或者是其他儿童没有跟他一起玩玩具或没有关注他，其他儿童没有带他一起玩。在支持小组的援助和同意下，行为专家为特雷弗制订了一个完整的书面行为支持计划，为他的父母和学前工作人员提供指导，同时为他从幼儿园到学前班转衔提供指导。

特雷弗的书面支持计划简单介绍了特雷弗的基本情况、他的功能性行为评估调查结果（包括问题行为的定义；关于这些行为功能的三个结论性陈述，每一个功能有一个结论性陈述），以及特雷弗积极行为支持计划的各部分：

● **生态/生活方式策略**　用以应对特雷弗的沟通、可预测性和选择这些基本问题（如在学校使用每日图片日程表，在家和学校中使用图片选择板；在学校设置休息区和学习区；在学校为特雷弗建立"朋友圈"）

● **预防策略**　用来提供额外的支持，使得特雷弗不需要表现出问题行为（即使问题行为变得无关），包括以下内容：

·使用"安全信号"（如"我要和萨莉说一会话，然后再和你交谈"）和"预纠正"，以及在特雷弗进入情境之前，辅助或者提示期望的行为或技能（如在自由时间，"特雷弗，如果你想要一个玩具，记得询问对方是否愿意分享"）

·为他示范期望的行为或者技能（如果需要的话，实施一个1~2分钟的小型教学指导）

·辅助他表现行为或者技能

·尽可能地协助他成功

·对他在家或学校里一些被公认是问题行为高发的困境或者任务中的良好行为或努力给予表扬

● **教学策略**　旨在为特雷弗提供一种获得想要物品的方式，这样的方式应比问题行为更高效（使得问题行为低效），包括教授核心口语表达能力（请求休息、表示拒绝、请求关注或帮助、要求一项活动或者物品）

● **后果策略**　旨在支持和增加期望的适当的行为，减少问题行为（使得问题行为无效），包括对适当的行为使用正强化（根据他使用的接受性语言的情况给特雷弗他想要的；对于他的尝试、进步和/或成功提供描述性的表扬），操作问题行为的后果（当特雷弗表现出重大问题行为之前典型的"先兆行为"或者较小的问题行为时，试着改变或者逐步降级该行为）。特雷弗的书面计划后果部分还分别描述了他出现中等强度到高强度问题行为之后可能马上获得的结果，这些行为包括逃避行为、获得关注的行为和获得物品或活动的问题行为。

特雷弗书面计划的最后评估部分，包括收集到了哪些数据、何时收集、谁负责数据的收集和编辑，以及召开团队会议来审查特雷弗进展和支持计划的时间表。

一、撰写行为支持计划

行为支持计划具有专业性，它明确我们将要如何努力去改变问题行为者不良行为发生的可能性以及我们如何监控有效性。许多州、学区和援助机构有撰写行为支持计划的特定表格或者格式。大部分表格或格式很有用，也适用于制订明确有效的支持计划。

在我们的行为支持研究中，行为支持计划是对等值性行为模式策略的专业描述和扩展。等值性行为模式就像是蓝图，建筑师可以利用蓝图建造一个完整的房子，同样，等值性行为模式为正式的行为计划和计划的实施提供了蓝图。

二、为何撰写行为支持计划？

书面的行为支持计划有多种功能。一方面，它们是证明支持计划连贯与合理的专业文档。它们是法律的、管理的和专业的质量标准的一部分。另一方面，行为支持计划是明确规定该如何减少问题行为和增加积极行为的范本。撰写这个计划是为了给实施者提供指引。应该明确计划背后的假设，实施计划的所有人员应该阅读这个计划并理解自己的职责。书面的计划为所有实施者的培训提供了指南。一个有效的书面计划提高了在一个情境中多个人实施计划程序的一致性。一个有效的书面计划还为监控过程提供了一个清晰的策略。最后，一个有效的书面计划提供了修改支持程序的范本，来应对个体的行为以及行为发生情境的不断改变。

三、识别可能的干预策略

当理解了问题行为的一个（或者多个）功能时，才可能识别与那个（或者多个）功能逻辑上相关的多种干预策略。那些可能适合问题行为者且可能有效的干预策略是多种多样的。等值性行为模式表格提供了识别可能的干预策略的框架。确定干预策略的一个重要因素是以合乎逻辑的方式综合分析情境各个方面的可能性。图 5.1 的流程图介绍了在确定可能的干预中要考虑的变量。图 5.1 中的策略包括了一些可能的例子，但并没有全部列出。

四、行为支持计划的因素

行为支持计划的质量在于计划与功能性行为评估结果的联系程度，以及与行为的基本原则保持一致性的程度,还在于在计划实施情境中计划与实施人员的价值观、资源和技能的良好契合状态。计划的有效性由计划在多大程度上改变了工作人员和家庭实施者的行为决定;也由工作人员和家庭行为的改变在多大程度上引发了获得支持的个体行为的改变决定。我们发现很多行为计划格式都是很有用的。但是,不管是什么格式,一个好的行为支持计划应该包括以下关键特征:

- 问题行为的操作性描述
- 由功能性行为评估得出的结论性陈述
- 使得问题行为变得无关、低效和无效的一般方法
  · 基本的和生活方式的干预(解决打断常规、活动和情境的问题)
  · 情境事件和预测因素干预策略(前提干预策略使得问题行为变得无关)
  · 教学干预策略(要教授什么)
  · 后果干预策略(维持期待行为和替代行为的后果和减少问题行为的后果)
- 对于表现出(或者可能表现出)严重问题行为,使得个体或者其他人员的安全或者健康陷入严重危机(自伤、攻击或者高度破坏性行为)的任何学生或成人,要制订安全或者危机干预计划。
- 对典型的常规和困难的问题情境要做具体的说明
- 监控和评估计划
- 行为

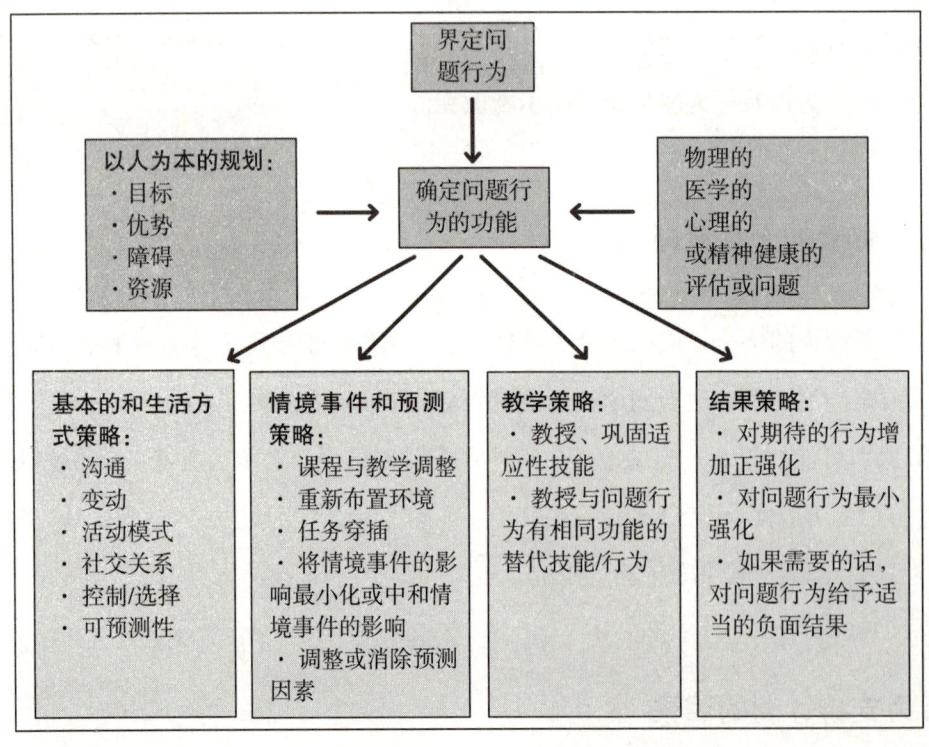

© Cengage Learning

图 5.1 识别潜在干预策略要考虑的变量流程图

（一）操作性描述

一个行为支持计划应该包括对问题行为的清晰描述。在用可观察和可测量的术语描述行为时，应该遵循传统的行为惯例。描述应该足够清晰，以便于支持提供者在阅读和实施计划时能识别每一个问题行为的实例（什么是问题行为）与反例（什么不是问题行为）。提供是否是问题行为的具体例子是一种常用的策略。实施支持计划的一致性是计划有效性的一个重要因素。清晰的操作性描述是计划实施一致性的开始。

（二）结论性陈述

行为支持计划应该包括从功能性行为评估中得出的结论性陈述。这是行为支持计划中最常被忽视的因素。我们的经验表明，计划实施者对于结论性陈述的赞同能增加计划实施的一致性，行为支持计划中记录结论性陈述有助于确定计划的所有程序因素与通过功能性行为评估获得的信息在概念上是一致的。在某些情况下，结论性假设的陈述可能只是简单地以书面形式呈现。在其他情况下，在书面计划中提供整个等值性行为模式框架图可能是有益的。在一些情况下，支持提供者只是在书面行为支持计划表或描述后面附上等值性行为模式表（参见图 4.7 和附录 F）。

虽然有很多可行选择，但关键是确保结论性陈述和假设是行为支持计划中公开的一部分。

（三）一般方法

行为支持计划的一般方法部分是描述由等值性行为模式建立的干预程序。总体目标是确定使问题行为变得无关、低效和无效的一系列程序。在大多数情况下，计划的这一部分要包括至少四个子部分的描述：（1）基本的生活方式策略以解决诸多问题，如个体有效沟通的能力、变动性、对环境的可预测性、个体拥有的控制和选择、个体的社交关系和活动模式以及任何健康或生理问题；（2）预防性的前提策略来解决所识别的问题行为的情境事件和立即预测因素；（3）教学策略；（4）后果策略。这一部分要清楚地界定和描述支持提供者通过做什么来创建有效的生活环境和情境，促进和支持适当行为以及减少或消除问题行为。个别化的积极行为干预和支持通常包括从这里所提及的策略类别中选取形成的多元干预支持计划。然而，尤为重要的是，要谨记个体的需要、问题行为的功能和计划实施者的价值观、技能和资源等决定了书面行为支持计划干预策略的类型和数量。

（四）安全或危机计划

一个有效的行为支持计划还要详细描述在最危险和最困难的行为发生时应该如何回应。尽管要尽一切努力建立预防性的程序来减少问题行为发生的可能性，但是家庭成员和工作人员应该假设之前在个体身上观察到的任何问题行为在将来都有可能发生。如果行为支持计划没有清晰地规定应对最困难情况的程序，那么这个计划将是不完备的。

对于任何个体，如果其行为使自己或其他人（工作人员、同学、同事、家庭成员和社区中其他人员）陷入伤害或损害的危机，那么安全或危机计划都应作为行为支持计划的一部分。这个计划的主要目的是保护问题行为个体和情境中所有人的健康和安全。紧急情况下的目标不是教授或者改变行为。安全或危机计划应该清晰界定构成危机或紧急情况的行为，还要详细描述当行为发生时要实施的程序。该计划还应该注意收集数据和报告程序以应对危机或紧急情况的发生。

（五）关键常规

行为支持计划不可能包含每一个可能的互动或事件的详细描述。然而，在许多情况下，对最常见的日常活动和最困难的问题情境的脚本描述是重要和有用的。例如，莱斯特是一名 ASD 成人，与另一个人一起生活在受支持的公寓里。他不喜欢早上常规活动（使用马桶、洗澡、剃须、穿衣打扮、吃早餐、刷牙、做午饭、从公寓里出来乘公共汽车去广播电台工作）受到任何形式的干扰，如当他吃完早餐后想刷牙时，他的室友正在使用公用的卫生间。如果莱斯特的常规被打扰，他会变得焦虑不安，开始出现一系列的行为，这些行为可能会逐步升级成严重的问题行为（开始时气得浑身发抖，诅咒室友，然后开始尖叫，最后用手腕打自己的头）。莱斯特的行为支持计划向给他提供生活支持的工作人员提供了活动序列的清晰描述和莱斯特早上的常规日程表。它还提供了"平静下来"的常规描述，如果特莱斯表现出生气的迹象或者开始诅咒他的室友，便要立即实施这个常规。最后，它还包括可实施的危机计划，当莱斯特的行为持续升级到尖叫（也可能是打头）时，实施这个计划。

（六）监控和评估

行为支持计划应该持续进行评估。对于任何计划，两个关键问题是：

1. 该计划对于目标情境中的工作人员、家庭成员和其他人的行为有积极的影响吗？
2. 该计划对于当事人的行为有积极的影响吗？

过去，我们测量当事人的行为，推断这个计划影响着工作人员和家庭成员的行为。然而，为评估计划实施的忠诚度，直接监控计划实施者的行为通常也是有用的。

行为支持计划中监控和评估程序这一部分应该表明数据收集的机制和审查的过程（多久一次和由谁实施）。例如，用功能评估观察表收集问题行为者的行为数据；每天早上由班级工作人员检查数据；在每周一次的短暂会议上由教师和行为专家审核数据。每周的数据结论要送到家里，要安排每月或每个季度一次的个别化教育计划团队主要成员的会谈。班级工作人员可以利用检核表的实施来自我监控计划实施的忠诚度。

行为支持计划不仅有多种格式，还可能长度不同。解决危及生命的行为的复杂计划可能有很多页。其他的计划可能短至1或2页。计划的长度由许多因素决定，只有其中的一些相关因素能有效地改变行为。更长的计划并不一定更有效或者更可取。

（七）行为支持计划的实施方案

书面的行为支持计划描述了支持提供者应该做什么以及何时去做，以改变出现问题行为的学生或者成人的行为。我们建议除了书面的行为支持计划之外，还应该准备一个单独的实施支持计划的方案。实施方案应该概述实施行为支持计划要落实的活动，对每一个活动负责的人员和完成这些活动所需要的时间。它是计划实施者恰当执行行为支持计划的指南。实施方案通常是一个单独的文档或者表格，其本身不是行为支持计划的组成部分。

（八）马拉的行为支持计划样例

在本手册的前面，我们介绍了马拉的案例，她是一个8岁女孩，在二年级的班上遇到了困难。马拉未被鉴定为有任何障碍，但是在二年级教室中越来越容易发脾气。她的教师请求对马拉进行评估，而且很可能要将她转移到对她来说更有限制性的教室中。通过功能评估访谈和观察得出了等值性行为模式，如图4.8所示。通过等值性行为模式，她的教师和行为专家确定了图4.8中列出的干预策略。这项干预的书面的行为支持计划如表5.1所示。

表 5.1　马拉的行为支持计划样例

马拉的行为支持计划

问题行为
1. 发牢骚：发出尖锐的噪声或者变为消极的声调
2. 大声喊叫：在独立完成课堂作业时未经教师允许大声喊叫
3. 拒绝完成作业：对于分派的任务不注重或者没有进展
4. 发脾气：尖叫，打，咬，踢人；破坏财物；扔东西

功能性评估结论性陈述

当被要求独立完成课堂作业，且5~10分钟内没有教师或者同伴关注时，马拉会发牢骚、大声喊叫、拒绝完成作业和/或发脾气。虽然教师已经明确地表示她不希望马拉出现这些问题行为，但是教师的关注维持了这些行为。没有识别出明确的情境事件。使用等值性行为模式来制订支持计划。

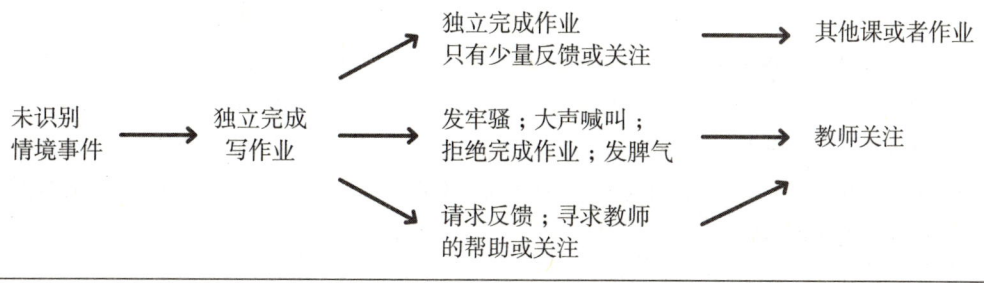

一般方法

情境事件策略：无

预测因素策略：包括以下三个具体的程序：

- 在拿到作业时提前纠正马拉，让她练习获得教师关注的程序。
- 改变马拉的独立作业任务，使她有几个小的作业任务要完成，并且在教师的指令下将完成的作业交给教师。（注意：没有迹象显示作业对于马拉来说太难，因此没有必要改变作业的内容）
- 考虑选择在小组中做作业，这样可能使教师的关注变得无关。

教学策略：对马拉进行一个10分钟的教学指导，包括在她的作业材料中较短的作业任务是如何被指明的，如何请求教师的帮助（举手），以及当她完成部分任务时如何获得教师的关注。根据需要重复教学指导。

后果策略：

- 当她第一次开始独立完成作业时，教师会回应马拉。
- 如果马拉完成了任务的一部分，并把它送到教师那里，教师会停下来，表扬她已经完成的作业，并确认将要完成的下一部分作业。
- 如果马拉表现出发牢骚、大声喊叫或者拒绝完成作业，教师会忽视行为，询问马拉："要求帮助的正确方式是什么？"或者"告诉我你已经完成任务的正确方式是什么？"如果问题行为继续，教师会更直接地提示马拉请求帮助或者关注："马拉，举手来获得帮助或关注。"
- 如果马拉表现出发脾气行为，教师会使用学区批准的安全程序（见下文）来保护马拉免于伤害自己或其他学生。如果马拉的行为威胁到了其他儿童，教师会将其他学生都转移到大厅，并向教导处寻求帮助。

安全计划

发脾气：如果马拉开始尖叫、扔东西或者打人，指导她到教室的后面，将她与其他学生隔离开。如果需要的话，使用对讲机寻求援助。如果需要的话，使用学区批准的防护性身体干预指导马拉，保护学生。如果发脾气的行为持续发生，可以将其他学生转移到大厅来清空房间。在马拉发脾气期间，目标是防止马拉自伤或伤害其他学生和工作人员以及尽量减少财产损失。虽然发脾气可能是由关注所维持，但是在目前的情况下，还不能安全地忽视这些行为。此时，马拉的发脾气行为是不频发的，更侵入的程序未被批准。在马拉发脾气行为结束后，情况允许的话，在功能评估观察表上完成整个发脾气行为的记录。如果用到了防护性身体干预，还要填写一份事件报告。

常规

独立的数学作业：通常情况下，数学作业要完成30个问题。在第10道题和第20道题的后面画上一条实线。当您在分发任务时，指导马拉当她完成前10题时把她的作业拿给自己，如果她需要的话，要求她向您展示如何寻求您的帮助（举手）。当您分发完其余的作业后，注意马拉是否开始写作业，如果是，认可她（和其他学生）这一行为。当她完成作业并把作业拿给您时，表扬她写作业的行为（那个时候不要纠正问题），告知她正在取得进步，并再次告诉她下一次来之前还有多少问题需要做。

监控和评估

使用功能评估观察表来监控马拉的发牢骚、大声喊叫、拒绝完成作业和发脾气行为的频率。如果出现了发脾气行为，还要注意发脾气的严重程度，是否需要防护性身体干预，在实施过程中是否存在问题。教师每天早晨上课前要审查数据，教师和行为专家要每周进行一次会面来决定是否有必要改变计划。行为专家在第一个月中每周观察2~3次，此后每周至少观察1次，在每周例会上反馈计划实施的忠诚度。教师、行为专家、家长和管理人员会在实施的3个月内正式地审查结果。

© Cengage Learning

附录 A 功能评估访谈表（FAI）

功能评估访谈表（FAI）

姓名：_____   年龄：_____   性别：男   女

访谈日期：_____   访谈者：_____

受访者：_____

A. 描述行为

1. 具体描述每一个关注的行为，界定形态（如何表现），频率（每天、每周或者每月发生的次数），持续时间（问题行为发生后持续的时间）和强度（行为发生时的严重性和破坏性）。

行为	形态	频率	持续时间	强度
a.				
b.				
c.				
d.				
e.				
f.				
g.				
h.				
i.				
j.				

2. 上述行为中哪些行为可能会以某种方式同时发生？是否同一时间发生？发生时是否有先后顺序或"行为链"？发生时是否在相同的情境中？

_____

_____

_____

续表

> **B. 界定可以预测或诱发问题行为生态事件（情境事件）**
>
> 1. （如果有的话）个体服用的药物是什么？你认为这些药物会如何影响他/她的行为？
> _____
> _____
> _____
>
> 2. （如果有的话）哪些疾病/身体状况（如哮喘、过敏、皮疹、鼻窦感染、癫痫，或与月经相关的问题）可能影响他/她的行为？
> _____
> _____
> _____
>
> 3. 描述个体的睡眠模式，在什么情况下睡眠模式可能影响他/她的行为？
> _____
> _____
> _____
>
> 4. 描述个体的饮食情况，在什么情况下饮食情况会影响他/她的行为？
> _____
> _____
> _____
>
> 5a. 简短描述个体每日的活动安排（指出个体喜欢的活动和最可能与问题行为有关的活动）。
>
> | 喜欢 | 问题 | | 喜欢 | 问题 | |
> | ---- | ---- | ----- | ---- | ---- | ---- |
> | | | 6:00 | | | 2:00 |
> | | | 7:00 | | | 3:00 |
> | | | 8:00 | | | 4:00 |
> | | | 9:00 | | | 5:00 |
> | | | 10:00 | | | 6:00 |
> | | | 11:00 | | | 7:00 |
> | | | 12:00 | | | 8:00 |
> | | | 1:00 | | | 9:00 |

5b. 个体对于日常活动行程了解多少？如接下来要发生什么，什么时候开始，和谁一起，持续多久。
_____
_____
_____

5c. 个体每天有多少机会可以选择他／她的活动和具有强化作用的事件？（如食物、衣服、同伴、休闲活动）
_____
_____
_____

6. 在家庭、学校或工作中，个体周围通常有多少人？（包括工作人员、同学、家人）在比较拥挤和嘈杂的情境中，个体看起来是否烦躁？
_____
_____
_____

7. 在家庭、学校、工作和其他情境中，个体获得人员支持的情况如何（如1∶1、2∶1）？您认为工作人员、培训人员的数量或者他们与个体的社会互动会影响问题行为吗？
_____
_____
_____

C. 界定预测行为可能发生或不可能发生的立即前提事件

1. 时间：在什么时候行为最可能发生和最不可能发生？

最可能：_____
_____

最不可能：_____
_____

2. 情境：在什么地方行为最可能发生和最不可能发生？

最可能：_____
_____

最不可能：_____
_____

续表

3. 人员：和谁在一起行为最可能发生和最不可能发生？

最可能：_____
_____

最不可能：_____
_____

4. 活动：在什么活动中问题行为最可能出现或最不可能出现？

最可能：_____
_____

最不可能：_____
_____

5. 除了上述的以外，有无其他特别的或特殊的情境或事件有时会"激发"行为，例如，特别的要求、噪声、灯光、服装？
_____
_____
_____

6. 您做一件什么事最可能诱发不良行为？
_____
_____
_____

7. 简短描述个体的行为在下列情况下如何受到影响。

a. 您要求他/她做一件困难的任务。
_____
_____

b. 您中断他/她喜欢的活动，例如吃冰淇淋或者看电视。
_____
_____

c. 您突然改变他/她的常规或活动安排。
_____
_____

d. 他/她得不到想要的东西（如放在架子上的食物）。

_____

_____

e. 您不理他/她或者让他/她独处一段时间（如15分钟）。

_____

_____

D. 确认可能维持问题行为的后果或结果（即在特定情境中它们的功能）。

1. 考虑在 A 部分所列出的每一种行为，试着确认该行为在不同情境发生时，学生得到的特定后果或结果。

行为	特定情境	他/她获得什么？	他/她避免什么？
a.			
b.			
c.			
d.			
e.			
f.			
g.			
h.			
i.			
j.			

E. 考虑问题行为的整体效率。效率是（A）学生须花多少力气、（B）在得到奖赏之前行为发生的频率或次数，与（C）学生必须等多久才能获得奖赏整合的结果。

问题行为	低效率				高效率
_____	1	2	3	4	5
_____	1	2	3	4	5
_____	1	2	3	4	5
_____	1	2	3	4	5
_____	1	2	3	4	5

续表

F. 哪些功能性替代行为是学生已经知道该如何做的?

1. 学生已经可以表现出什么合适的社交行为或技巧,可能与问题行为产生相同的结果或强化物?

_____
_____

G. 学生与其他人沟通最基本的方法是什么?

1. 学生通常使用的或适用的表达沟通策略是什么?可能包括语言、手势/姿势、沟通板/书或电子辅具。这些策略使用的一致性如何?

_____
_____
_____

2. 在下表中指出学生用来达到沟通结果的行为:

沟通功能	复杂的语言(句子)	两个字以上的短语	单词单字	模仿语言	其他的声音	复杂的手势	单个手势	指向	引领	摇头	抓取/伸手	给物品	增加动作	靠近你	走开或离开	凝视	面部表情	攻击	自伤	其他
要求关注																				
要求帮助																				
要求喜欢的食物/物品/活动																				
要求休息																				
展示某物或某地方																				
表示身体疼痛(头痛、生病)																				
表示困扰或不高兴																				
抗议或拒绝某个情境或活动																				

3. 考虑个体的接受性沟通或者理解他人的能力……

a. 学生能否遵从口头要求或指令?如果可以,大概有多少?(如果只有少数几个,请列出。)

_____
_____

b. 学生能否回应他人的手势、肢体要求或指令？如果可以，大概是多少？（如果只有少数几个，请列出。）

_____
_____
_____

c. 当示范各种任务或活动的身体模式时，学生能否模仿？（如果只有少数几个，请列出。）

_____
_____
_____

d. 当询问学生是否想要什么，想去哪里等的时候，学生一般会如何表示"是"或"不是"？

_____
_____
_____

H. 在与个体共事或提供支持时，您应该做什么事情？应该避免什么事情？

1. 您做什么事可能会改善学生在课堂或其他活动中的表现？

_____
_____
_____

2. 您应该避免什么事可能会干扰或打断学生在课堂或活动中的表现？

_____
_____
_____

I. 哪些东西是个体喜欢并可以强化他/她的行为的？

1. 食物：_____
_____
_____

2. 玩具和物品：_____
_____
_____

续表

3. 家中活动：_____
_____
_____

4. 社区活动/郊游：_____
_____
_____

5. 其他：_____
_____
_____

J. 您对于不良行为史了解多少？尝试使用了哪些项目减少或消除？这些项目的效果如何？

行为	特定情境	他/她获得什么？	他/她避免什么？

1. _____
2. _____
3. _____
4. _____
5. _____
6. _____
7. _____
8. _____
9. _____
10. _____

K. 对每一个主要的预测因素和/或后果建立结论性陈述。

较远的情境事件	立即前提（预测因素）	问题行为	维持性后果

_____
_____
_____

您对于这个结论性陈述的准确性的确定程度如何？（对以上五个结论性陈述做出等级评定）

不太确定   非常确定
　　1　　　　2　　　　3　　　　4　　　　5　　　　6

附录B　学生导向的功能评估访谈表

学生导向的功能评估访谈表

学生姓名：_____　　访谈者：_____

转介老师：_____　　日期：_____

Ⅰ. 开场白。

"我们今天见面主要是想办法改变学校，让你更喜欢它。这次访谈大约有30分钟。如果你如实地回答问题，我可以更好地帮你。我们不会问任何给你带来麻烦的问题。"

帮助学生找出那些在学校或者教室里导致问题的具体行为。提出建议或者改述以帮助学生厘清想法。你应该有一个由转介老师提名的行为清单。

Ⅱ. 界定涉及的行为。*

"你做过一些给你带来麻烦和问题的事情吗？"（提示：上课迟到？在课堂上说话？未完成工作？打架？）

	行为	评论
1.		
2.		
3.		
4.		
5.		

Ⅲ. 完成学生日程表。

使用"学生每日日程表"矩阵图确定学生出现问题行为的时间和课程。访谈的焦点就是关注那些**最有可能**导致问题行为的时间。

* 你可以使用左边那些数字作为已界定的行为的代码来完成后面的访谈。

学生每日日程表

如果你对我们之前谈过的行为存在困难的话，请在相应的时间和课时对应的空格里画上"√"，如果某个课时里有很多困难，在靠近6的地方画"√"，在课上或者课下很少有困难，在靠近1的地方画"√"。在正式开始之前我们先做一些练习。

科目	上学前	第一节课	课间	第二节课	课间	第三节课	课间	第四节课	课间	第五节课	课间	第六节课	课间	第七节课	课间	第八节课	放学后
任课老师																	
高困难 6																	
5																	
4																	
3																	
2																	
低困难 1																	

续表

结论性陈述表

活动或事件 → 之前发生了什么 → 行为 → 之后发生了什么

④ ② ① ③

按照序号完成框架图（先行为，后预测因素，等等）。将下列项目作为可能的因素纳入框架图中。为每一个新后果完成一个不同的框架图。

趋向诱发行为的重要的事件或活动是什么？	看起来激发问题行为的是什么？	问题行为看起来像什么？	你从问题行为中收获了什么？
缺少睡眠 ___	班级要求：	上课迟到 ___	逃避或避免
生病 ___	— 太难 ___	在课堂上说话 ___	— 老师需求 ___
身体疼痛 ___	— 无聊 ___	破坏 ___	— 老师训斥 ___
饥饿 ___	— 不清楚 ___	不恰当的语言 ___	— 老师更正 ___
家中烦恼 ___	— 冗长 ___	无礼的行为 ___	— 与同伴的社交 ___（戏弄） ___
与同学打架/冲突 ___	老师的训斥 ___	财产破坏 ___	— 任务（困难、冗长） ___
噪声/干扰 ___	同伴的戏弄 ___	携带武器 ___	获得关注
活动/班级 ___ 座位安排 ___	同伴的鼓励 ___	烦躁不安 ___	— 来自同伴 ___
	其他 ___ 老师更正错误 ___	未完成作业 ___	— 来自老师/成年人 ___
		偷窃 ___	获得活动或物品
		威胁 ___	— 进行游戏 ___
		故意破坏 ___	— 获得玩具 ___
		其他 ___ 四周看看走 ___	— 获得食物 ___
			— 获得钱 ___
			— 获得任务 ___

续表

建立支持计划

情境事件 → 预测因素 → 期望的行为 → 后果
预测因素 → 问题行为 → 后果
预测因素 → 替代行为 → 维持性后果

改变环境以使问题行为变得不必要的方法有哪些?	可以防止问题行为的方法有哪些?	增加预期行为或教授替代行为，可以做些什么?	当问题行为出现时应做什么呢?	当预期行为或者替代行为出现时应做什么呢?
___对全班明确规则和预期行为 ___和学生达成书面协议 ___学生自我操作表 ___改变座位安排 ___改变日程表 ___咨询 ___其他（在家里睡得更多）	___提醒有关行为 ___提供额外的帮助 ___修改作业以适应学生的技能 ___其他（缩减任务或给更多的时间）	___在课堂练习预期行为 ___自我管理项目 ___其他（给预期行为以提示）	___奖励/惩罚程序 ___与父母沟通 ___减少特权 ___隔离 ___转介至办公室 ___在课堂上训斥 ___其他（提示预期行为）	___奖励程序 ___老师的表扬 ___其他

附录 C 功能评估观察表（空表）

功能评估观察表

姓名：

开始日期： 结束日期：

时间	行为					预测因素				感觉到的功能				实际后果
				哭闹/尖叫	攻击他人	自伤	转身	中断	要求（有或没有）		要求	注意力/语言注意	自我刺激	减轻/缓和	（ ）	人	事件/上下文	状况（非常愉快/非常不愉快，与期望相符）
1														
2														
3														
4														
5														
6														
7														
8														
9														
10														
11														
12														
13														
14														
15														
16														
17														
18														
19														
20														
21														
22														
23														
24														
25														
合计														

事件：

日期：

附录 D 尤兰达的功能评估观察表

功能评估观察表

姓名：尤兰达
开始日期：1/30.
结束日期：2/1.

说明（与事达观察当与事达观察当与事达观察以书面的形式）：

时间	行为						预测因素					感觉到的功能						实际后果	
	喊叫	咒骂	上座位	上厕所	被告诉	被告诉	单独	课业（新东西）	回到团体	过小/太难	被告诉	获取	看展品	获取/获得	喧闹/聊天	人（ ）	逃避人/事	感官刺激	口头表扬	注意得到
8:15 开始	3 6 9		5				1 5				1 5						1 5	5		R.O.
8:45 阅读			2																	R.O.
9:45 科学		3			3				3 6 9		2			3 6 9				2		R.O.
10:45 数学			10				10				10						3 6 9			R.O.
11:45 午饭		7					7				7						7			V.K.
12:30 故事小组							4 8				4 8						10			V.K.
1:30 课堂作业	4 8						11				11						8		#4 被忽视 V.K.
2:30 艺术	11		3														11			V.K.
合计	3	2	3													24 25				
事件：	1 2 3	4	5 6 7	8	9 10	11	12	13	14	15	16	17	18	19	20	21 22 23				
日期：	1/30		1/31		2/1															

附录 E 观察表结论性陈述的实例

埃琳

陈述 1：当要求埃琳在工作中完成不喜欢的任务时，她会扔东西和破坏物品，来逃避任务要求。

彼得

陈述 1：当要求彼得完成刮胡子和其他的自我护理常规时，他就会咬自己的手腕和抓或推工作人员来逃避这些活动。

陈述 2：当彼得没有获得关注或互动时，他就咬自己的手腕和打自己的脸来获得关注和互动。

柯蒂斯

陈述 1：当要求柯蒂斯去完成困难的比赛或不喜欢的比赛或阅读任务时，他就会骂脏话和（或）扔物品来逃避任务。（注意：FAOF 并不提供关于较远的情境事件的信息）

陈述 2：当同伴拥有柯蒂斯想要的玩具或物品时，他就会掐和（或）抓伤同伴，让同伴把玩具或物品给他。

陈述 3：当柯蒂斯在小组工作或者其他情境中获得较少关注时，他就大叫老师的名字和（或）敲/拍打他的课桌，来试图获得关注。

注意：因为没有观察到抓胳膊，所以相关的结论性陈述无法得到支持（基于这些有限的数据）。教师应该进一步追踪。

附录 F 等值性行为模式表（空表）

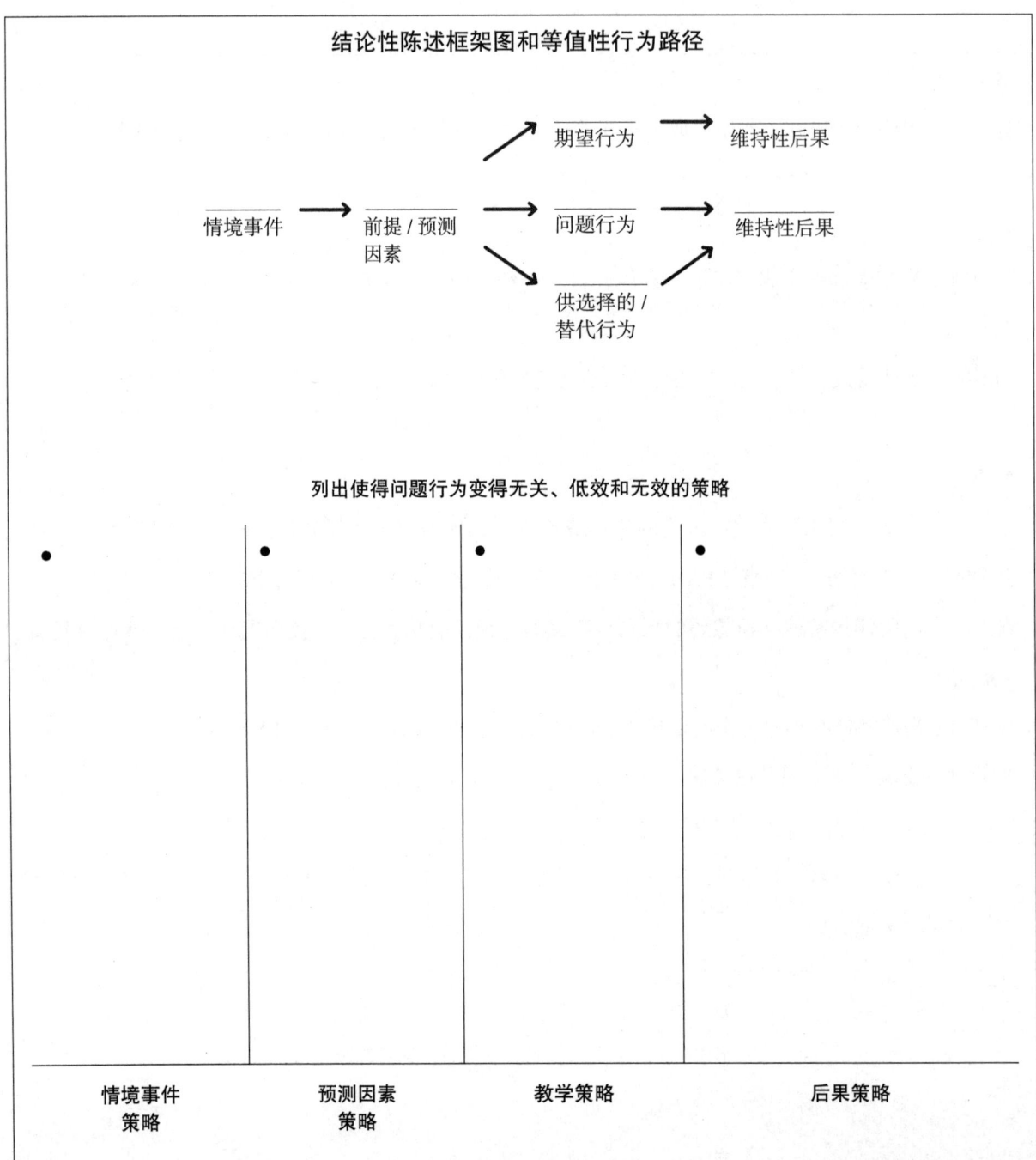

译后记

儿童的行为问题及干预一直以来都是研究者、教育工作者及家长研究和讨论的主题。儿童由于存在语言理解、表达、社会性等障碍，为了达到一定的目的，多倾向于表现出各种各样的问题行为。这些问题行为或许会给个体带来短暂的满足感，但是不利于个体的长远发展，还会给个体所在的家庭、学校和社区带来困扰。如果人们无法正确认识儿童的问题行为，不能有效地干预处理，家庭、学校和社区将会面临儿童成长过程中大量的挑战。

国外已有大量的研究证实功能性行为评估和积极行为支持是一种有效的干预方法。1997年美国《障碍者教育法修订案》中将功能性行为评估和积极行为支持一起列入其中，要求对有持续性问题行为的学生实施功能性行为评估，并给予积极行为支持干预。法律的颁布推动了功能性行为评估的系统研究。自21世纪初，我国已经有越来越多的学者和教师开始取他山之石，介绍功能性行为评估和积极行为支持的基本理念和方法策略，也开始进行一些实证干预研究。这些为我国进一步认识和理解这一日益盛行且有坚实研究基础的教育干预理念和策略奠定了一定基础。

《功能性行为评估及干预实用手册》自出版以来深受家长和一线教师欢迎，在美国有着广泛影响，也是我国研究者了解功能性行为评估和干预相关理论和方法的主要途径之一。2014年该书第三版问世，详细介绍了功能性行为评估和干预的理论和具体操作技术，更新了概念和技术上的实质进步，修订了第二版中的表格和程序，旨在提高功能性行为评估过程的效率和效果，并提供了大量的真实研究案例。该书的引入，希望能让更多的研究者、基层教育工作者和家长认识到功能性行为评估的重要性，通过访谈、直接观察和实验操作等多种方式收集信息，评估问题行为的功能，并根据评估结果制订干预计划，在系统的自然情境中巧妙地运用干预策略，开展有针对性的干预，达到积极的干预效果。

我的硕士毕业论文是有关孤独症儿童问题行为的功能性行为评估和积极行为支持方向的，非常感谢我的导师辽宁师范大学于松梅教授对我的指导，以及张宁生教授在读研期间对我的鼓励，分享国内外有关的最新研究成果，使我对这一理念和技术有了更为清晰的认识，从而认识到了该技术在国内有着广泛的发展空间，有较大的可行性。毕业后如愿从事特殊儿童的基层教育工作，来到天津市南开区育智学校，非常感谢学校为我搭建了广阔的平台，近三年的工作经验，让我对特殊儿童问题行为的功能分析和干预有了更为系统的认识，我所带的班上3名有问题行为的儿童都得到很大改善，生活质量明显提高了。在此分享一个小小案例，不妥之处请批评指正。班上有一名叫臣臣的男孩，被诊断为孤独症，清澈的眼睛，稚嫩的脸庞，笑起来着实惹人爱。然而，刚入学时的他有着严重的哭闹行为，出现推桌子、脱鞋、脱衣服并用力甩远，甚至打人行为，经常整个楼道充斥着他肆无忌惮的哭闹声。臣臣哭闹行为频繁，像一颗不定时炸弹，似乎一天之中环境中的任何因素都随时可能会引发他的哭闹。随着对这个孩子的观察了解，我逐渐开始读懂了他的哭闹行为，试着分析其行为背后的原因。经过一段时间的观察，我知道这个男孩很敏感，刻板行为严重，一旦常规被打破，他就会感到极度不安，通过哭闹来缓解紧张，问题行为还是他迫使成人满足其要求的表达方式。鉴于此，我主要采取了视觉提示、言语提示和音乐疏导的方式帮助其预防和缓解哭闹行为，经过一段时间的干预，臣臣哭闹行为大大减少，同时与同伴互动的行为增多，参与班级活动更积极，如今的他在音乐方面已经展现出一定优势，相信未来的臣臣一定如天上的星星那般亮晶晶。

最后衷心感谢华夏出版社对我的支持与信任，让我来担任本书的翻译工作，日夜不停地加紧翻译，终于在2015年底翻译完成，也非常感谢家人在此期间对我的支持与鼓励。希望在不久的将来，在我国能有越来越多的有关功能性行为评估和积极行为支持的研究项目和实践案例，在我国基层学校和家庭中开展起来，从而丰富和发展我国对于特殊需要儿童的研究。

陈更娟
2015年12月

关于作者

罗伯特·E. 奥尼尔博士（Robert E. O'Neill, PH.D.）

奥尼尔博士，国际认证行为分析师（Board Certified Behavior Analyst, BCBA），现任美国犹他大学特殊教育系主任，曾任重度和轻/中度障碍项目的协调员，负责硕士和博士课程。奥尼尔博士在美国加利福尼亚大学圣巴巴拉分校获得硕士学位和博士学位，并在俄勒冈大学担任9年教师后调到犹他大学。奥尼尔博士致力于研究那些在家庭、教室和工作地点等各种情境中出现严重问题行为的个体，并为他们提供支持性策略。奥尼尔博士的研究领域很广，包括：功能评估、教授替代问题行为的沟通技巧、学校内的行为支持以及情绪和行为障碍的性别问题。奥尼尔博士已经获得超过50万美元的联邦资金用来支持他的研究、项目开发和人员配备工作。他曾发表多篇论文，独著和参编多本图书，还曾在各种级别的专业会议上作报告。他的论文发表于《应用行为分析》（Journal of Applied Behavior Analysis）、《特殊儿童》（Exceptional Children）、《重度障碍研究与实践》（Research and Practice in Severe Disabilities）、《儿童教育与治疗》（Education and Treatment of Children）、《发展性与身体功能性障碍》（Journal of Developmental and Physical Disabilities）、《特殊教育》（Journal of Special Education）、《补偿教育与特殊教育》（Remedial and Special Education）、《行为教育》（Journal of Behavioral Education）、《积极行为干预》（Journal of Positive Behavioral Interventions）等多种期刊。

理查德·W. 阿尔宾博士（Richard W. Albin, PH.D.）

理查德·W. 阿尔宾博士是俄勒冈大学特殊教育和临床科学系的高级研究助理/副教授。阿尔宾博士在对各年龄段智力与发展障碍个体（intellectual and developmental disabilities, I/DD）的研究、项目及模式开发、人员配备和相关技术支持等方面有着三十多年的经验。他的研究领域涉及积极行为支持、针对智力与发展障碍学习者的一般教学程序、以人为中心的计划，他还参与编写积极行为支持培训材料，提供在职培训。在俄勒冈教育学院主要教授：设计与教学、课堂行为管理、项目申请书写作、定量研究方法和单一被试研究。他现任《积极行为干预》期刊的副主编。

基思·斯托里博士（Keith Storey, PH.D.）

基思·斯托里从美国俄勒冈大学获得博士学位，曾在一线教授各类障碍学生六年，现任加利福尼亚州瓦列霍托鲁大学教育学教授、特殊教育项目主任。基思 1988 年获得重度障碍者协会爱丽丝 H. 海登奖（Alice H. Hayden Award from The Association for Persons with Severe Handicaps），1996 年获得查普曼大学王华成学术奖金（Hua-Cheng Wang Fellowship）（为成绩优异者设立的奖学金），2001 年获得加州重度障碍者协会罗伯特·盖洛德·罗斯纪念学者奖（Robert Gaylord Ross Memorial Scholar Award from The California Association for Persons with Severe Disabilities）。他是伊利诺伊州大学教育学院校友名人堂（Illinois State University College of Education Alumni Hall of Fame）中的一员，还是以下期刊编辑委员会的成员，包括：《重度障碍者研究和实践》（Research and Practice for Persons with Severe Disabilities）、《儿童教育与治疗》、《特殊个体职业生涯发展》（Career Development for Exceptional Individuals）、《职业康复》（Journal of Vocational Rehabilitation）、《积极行为干预》、《孤独症与发展性障碍的教育与训练》（Education and Training in Autism and Developmental Disabilities）。他还出版了几部专著，包括：《教室与学校中的积极行为支持：教师与其他服务提供者的实效策略》（Positive Behavior Supports in Classroom and Schools: Effective and Practical Strategies for Teachers and Other Service Providers）、《儿童及成人障碍者的系统化教学》（Systematic Instruction for Students and Adults with Disabilities）、《行走并不是所有：讲述让·德内克的生活》（Walking Isn't Everything: An Account of the Life of Jean Denecke）、《前方的路：障碍者向成人生活转衔》（The Road Ahead: Transition to Adult Life for Persons with Disabilities）。

罗伯特·H. 霍纳博士（Robert H. Horner, PH.D.）

罗伯特·H. 霍纳博士是俄勒冈大学特殊教育学教授，致力于研究行为分析、重度障碍学习者的教学策略和系统改变。在过去的 18 年里，他一直与乔治·苏盖（George Sugai）共同研究学校范围的积极行为支持（school-wide positive behavior support, SWPBS）的开发与实施。目前美国超过 19000 所学校正在实施学校范围的积极行为支持。研究、评估和技术辅助的结果表明，积极社交文化的发展与学生行为的改善和知识的获得相关。

杰弗里·R. 斯普拉格博士（Jeffrey R. Sprague, PH.D.）

杰弗里·R. 斯普拉格博士是特殊教育学教授，俄勒冈大学暴力与破坏行为研究院院长（Institute on Violence and Destructive Behavior, IVDB）。他指导联邦、州和地方的研究和实证项目，主要涉及积极行为干预与支持、干预反应、预防青年暴力、选择性教育、青少年犯罪的预防与治疗和校园安全等相关项目。他的研究主要围绕应用行为分析、积极行为支持、行为干预反应、功能性行为评估、校园安全、青年暴力预防和青少年犯罪预防。斯普拉格博士刚开始工作时任教低发病率的认知障碍的学生，他最初的研究主要集中在该领域。1990年和1997年，斯普拉格博士参与编写第一本功能性行为评估手册。他还是"早期预警，及时应对"和1998年、1999年和2000年"总统关于校园安全年度报告"的撰稿人。他为学校管理者撰写了通过环境设计预防犯罪（crime prevention through environmental design, CPTED）的书。杰弗里还与希尔·沃克（Hill Walker）合作撰写了一本关于校园安全的书籍——《安全健康校园：实用预防策略》(Safe and Healthy Schools: Practical Prevention Strategies)，该书由吉尔福德出版社出版（Sprague & Walker, 2005; www.guilford.com）；与安妮米可·戈利（Annemieke Golly）合作撰写了一本关于学校范围的积极行为干预和支持的书籍——《最佳行为：在校园内构建积极行为支持》(Best Behavior: Building Positive Behavior Supports in Schools, 2005; www.soprisweast.com）。2008年，他出版了《通用筛查：整合干预反应和行为支持》(Universal Screening: Integrating RTI and Behavior Supports, www.shoplrp.com）。斯普拉格博士已经公开发表了150多篇期刊文章和书籍的章节。目前他指导药物滥用国家研究所（National Institute in Drug Abuse）的R01研究项目，组织中学里积极行为支持实施效果的首次评估。他还是教育科学研究院目标2（Institute of Education Sciences Goal 2）的5个发展项目的联合首席研究员，关注积极行为支持、行为干预反应、课堂管理、学生自我控制和在少年犯罪情境中实施积极行为干预与支持。杰弗里是俄勒冈州本地人，已婚，有两个女儿，他兴趣广泛，喜欢驾驶飞机、骑车、跑步、钓鱼和弹奏吉他。